山区农村公路安全保障工程实施技术指南

重庆市公路局
重庆交通大学 主编

人民交通出版社

图书在版编目(CIP)数据

山区农村公路安全保障工程实施技术指南 / 重庆市公路局，重庆交通大学主编. — 北京 ：人民交通出版社，2013.9

ISBN 978-7-114-10363-6

Ⅰ.①山… Ⅱ.①重…②重… Ⅲ.①山区道路-道路施工-安全技术-指南 Ⅳ.①U421-62②U415.12-62

中国版本图书馆 CIP 数据核字(2013)第 025789 号

Shanqu Nongcun Gonglu Anquan Baozhang Gongcheng Shishi Jishu Zhinan

书　　名：**山区农村公路安全保障工程实施技术指南**
著 作 者：重庆市公路局　重庆交通大学
责任编辑：赵瑞琴
出版发行：人民交通出版社
地　　址：(100011)北京市朝阳区安定门外外馆斜街 3 号
网　　址：http://www.ccpress.com.cn
销售电话：(010)59757973
总 经 销：人民交通出版社发行部
经　　销：各地新华书店
印　　刷：中国电影出版社印刷厂
开　　本：880×1230　1/16
印　　张：4.25
字　　数：85 千
版　　次：2013 年 9 月　第 1 版
印　　次：2013 年 9 月　第 1 版第 1 次印刷
书　　号：ISBN 978-7-114-10363-6
定　　价：30.00 元
(有印刷、装订质量问题的图书由本社负责调换)

前　　言

为了更好地提升山区农村公路交通安全保障水平，重庆市交通委员会通过4年的科研和示范，安排重庆市公路局和重庆交通大学共同编制完成了《山区农村公路安全保障工程实施技术指南》。

本指南在编制过程中吸取了山区农村公路安全保障工程设计中的经验，总结了国内外同行的先进理念和实践，借鉴了现行业标准《公路交通安全设施设计规范（JTG D81—2006）》和2007年人民交通出版社出版的《公路安全保障工程实施技术指南》的相关规定和要求；在规范条文编制完成后，通过多种方式广泛征求了有关单位和专家的意见，经反复修改，最后审查定稿。

本指南共分为6章，第1～3章为本指南的实施编制目的、实施原则、适用范围、实施步骤及处治原则与标准；第4～5章为分级处治对策、具体安保设施设置技术；第6章为典型处治案例。

在使用本指南过程中若有问题或建议，请函告主编单位重庆市公路局或重庆交通大学（地址：重庆市渝北区新牌坊二路148号重庆市公路局，邮编：401147，电话：023－89186791；或重庆市南岸区学府大道66号重庆交通大学，邮编：400074，电话：023－62650300，电子信箱：cqjtuxf66@163.com），以便今后修订时参考。

主 编 单 位：重庆市公路局

重庆交通大学

主要起草人：岳　顺　刘唐志　赵光惠

主要审查人：（按姓氏笔画排序）

丁良开　万冬华　王庆珍　王　凤　苏　澎　闵　强

张　杨　张　涛　周　静　郑志明　赵兴贵　段炳俊

高光秀　唐伯明　梅子俊　韩　辉　曾维栋　曾文正

黎　峰　谭立云　谭小平

目　录

第 1 章　总则

1.1　目的

为指导山区农村公路安全保障工程的实施工作，提高山区农村公路交通安全水平，特制定本指南。

1.2　定义

山区农村公路安全保障工程是针对服务于中型以下客货汽车、交通安全风险较多的山区农村公路路段，采用交通工程等措施进行综合整治以提高交通安全水平的工程。

1.3　实施原则

山区农村公路安全保障工程的实施宜本着实事求是原则，针对具体问题和周边环境，结合现实条件，因地制宜、就地取材，有计划、分阶段地逐步提高和完善。

鼓励采用经过论证的新技术、新材料、新工艺、新产品，鼓励采用经过有效实践且经济适用的乡土化安全保障技术。

1.4　实施目标

通过实施山区农村公路安全保障工程，充分发挥各种安全保障措施的组合应用效果，最大限度地降低农村公路交通事故死亡率和特大交通事故发生率，提高农村公路交通安全水平。

1.5　适用范围

本指南适用于新建和改建的山区农村公路。

1.6　相关标准

山区农村公路安全保障工程的实施，必须符合国家和行业有关标准的规定。

第2章 实施步骤

2.1 基础资料搜集

通过现场调查、勘测,搜集实施路段相关的交通事故、技术指标、路面状况、路侧条件、交通环境、运行速度、交通量、交通类型等资料。

2.1.1 交通事故数据

通过交通管理部门,调查搜集相关公路近3~5年交通事故数据,包含事故时间、事故地点、事故对象、事故形态、伤亡人数和事故原因等基本信息。

2.1.2 技术指标数据

通过公路设计部门或现场实测,调查搜集相关公路平面设计技术指标(平曲线半径、加宽)、纵断面设计技术指标(纵坡坡度、纵坡坡长)、横断面设计技术指标(路基宽度、超高)等基本信息。

2.1.3 路面状况数据

在条件具备的情况下,调查搜集相关公路路面的平整度、损坏状况、承载能力和抗滑能力,尤其是发生过交通事故的弯道路段。

2.1.4 路侧条件数据

通过现场实测,调查搜集相关公路沿线路肩两侧是否存在比较陡峭的结构物、陡坎、山崖、河流、湖泊、民居等基本信息。

2.1.5 交通环境数据

通过现场实测,调查搜集相关公路沿线是否存在学校、城镇等人群较为集中的路段;调查搜集相关公路沿线是否存在视距不良路段;调查搜集相关公路已经设置的交通安全保障设施设置现状与使用效果等基本信息。

2.1.6　其他相关数据

通过交通管理部门或现场调查，搜集相关公路沿线交通量、交通类型等基本信息；搜集事故多发路段、人群集中路段、视距不良路段的车辆实际运行速度等基本信息。

2.2　确定实施路段

在确定农村公路安全保障工程实施路段前，宜结合本辖区农村公路交通的基本情况，制定本辖区农村公路安全保障工程实施总体规划。

确定实施路段时，宜参考历史交通事故资料，初步确定事故多发点和事故多发段后，再依据实施路段判定标准确定具体实施路段。如果缺乏历史交通事故资料或历史交通事故资料不全时，可直接依据实施路段判定标准确定具体实施路段。对于不符合实施路段判定标准但的确属于事故多发点或多发路段，如果通过增设交通安全保障设施对预防和减少交通事故有明显作用的，也可将这些路段确定为具体实施路段。

2.3　确定设计方案

为了确保设计方案的规范性、科学性和可实施性，达到预期的防护效果，山区农村公路安全保障工程宜委托相关有资质的设计单位进行设计。

2.3.1　确定路段类型

实施路段选定后，应结合前期调查资料，判定该路段是属于急弯路段、陡坡路段、视距不良路段、路侧危险路段、平面交叉口路段、行人集中路段中的哪一种或几种路段类型的组合情况。

2.3.2　确定分级等级

路段类型确定后，应根据相关技术指标判断该路段的分级等级。如果该路段属于几种不同路段类型的组合，如“陡坡 + 急弯”组成的陡坡急弯路段、“陡坡 + 视距不良”组成的陡坡视距不良路段、“路侧危险 + 视距不良”组成的路侧危险且视距不良路段等，可根据相关技术指标分别判断该路段的分级等级，对应分为差级、中级、良级 3 个技术指标等级，分别提出一类处治、二类处治和三类处治 3 种不同的综合处治对策。

2.3.3　提出规划方案

分级等级确定后，应根据路段类型和分级等级，从分级处治技术中选择对应的处治方案形成规划治理方案。如果该路段属于几种不同路段类型的组合，先分别从分级处治技术中选择对应的处治方案，然后将不同处治方案进行组合（方案中若有重复部分时按照最高分级等级保留一个即可），综合形成规划治理方案。

2.3.4 分析资金投入

应结合年度安全保障工程改造资金计划、改造内容和改造数量，明确实施路段资金投入大小。

2.3.5 提出设计方案

应根据规划方案和资金投入，明确是一次性改造还是分阶段逐步改造。如果资金投入充足，可一次性改造完成，则规划方案即为设计方案；如果资金投入不足，需要分阶段逐步改造完成，则规划方案仅能作为目标方案，设计方案应根据实际投入资金多少和规划年数，采取降低策略等级的办法来实施。

2.3.6 优化设计方案

设计方案初步确定以后，必须进行现场复核。判断方案的针对性、符合性、协调性、可实施性，做出优化调整后即可形成最终的设计方案。

2.4 工程施工、验收

必须按照相关技术标准和管理规定，组织工程的施工和验收工作，并建立安全保障工程实施技术文件档案。

2.5 效果评价

安全保障工程实施一年后，必须对安全保障工程的实施效果进行评估。评估可从定量和定性两方面进行。定量评估包括实际交通事故减少量(结合交通执法部门数据进行)；定性评估包括人民群众安全感提升度(结合随机查访调查结果进行)。效果评价结果应进行备案，以便为安全保障工程的进一步完善提供依据。

2.6 养护

按照农村公路养护管理要求，应及时对安全保障设施进行查巡、维护和更新。此外，视距保障对于维持交通安全水平至关重要，在日常养护管理过程中，必须注重路段绿化及杂草的清理养护工作，保证路域空间的视距通视。

2.7 实施流程

农村公路安全保障工程实施可参照图 2-1 流程进行。

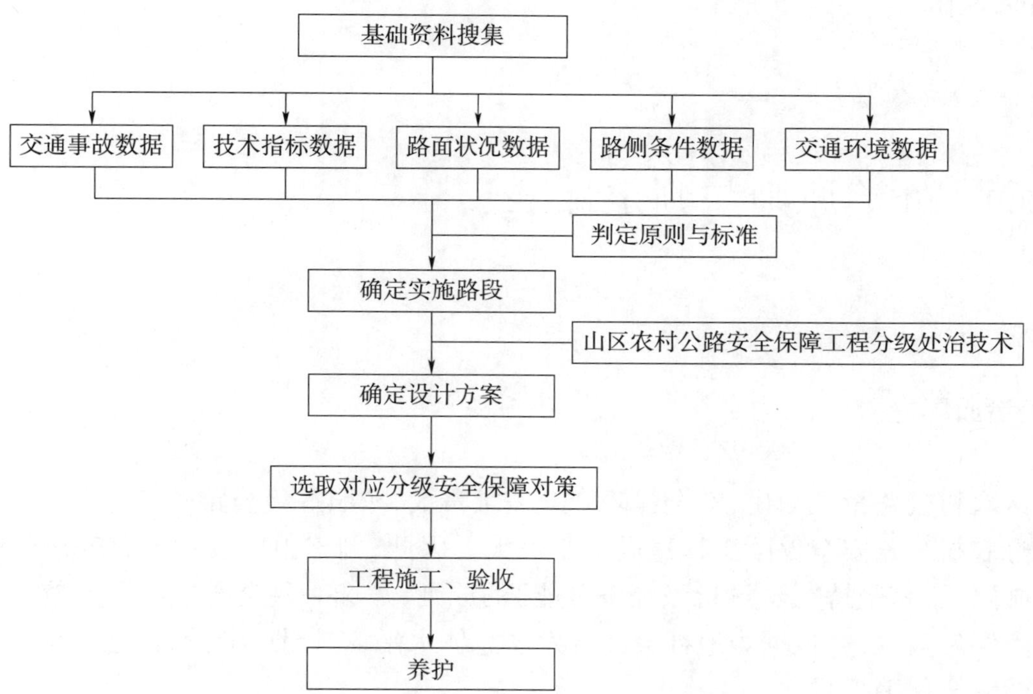

图 2-1　山区农村公路安全保障工程实施流程

第3章　处治原则与判定标准

3.1　处治原则

山区农村公路量大面广,安全保障资金需求量大,按照等级公路的安全保障要求来大规模推进农村公路安全保障工程建设困难极大。因此,判定山区农村公路安全保障工程重点实施路段,宜坚持“技术可行、经济可能”的原则,筛选一些交通事故风险较高的路段作为重点实施对象,并根据当地社会经济发展总体水平,有计划、分阶段,逐步推进与完善该路段的安全保障工程。

3.2　判定标准

判定山区农村公路安全保障工程重点实施路段,宜将公路技术指标与交通事故指标相结合,通过分析影响交通事故发生的主要原因,将存在交通事故风险的路段纳入安全保障工程重点实施范围。参考2007年人民交通出版社出版的《公路安全保障工程实施技术指南》中的判定标准,提出以下山区农村公路安全保障工程重点实施路段判定标准。

3.2.1　事故路段判定指标

2km范围内3年发生过1起死亡3人以上的事故或500m范围内3年发生过3起以上死亡事故的路段,必须纳入安全保障工程重点实施路段(不包括因驾驶员主观原因导致发生的事故)。

3.2.2　急弯路段

(1)单个急弯路段

急弯路段是指平曲线半径(R)较小且符合下列条件的路段:

设计速度40km/h,$R\leqslant60$m;

设计速度30km/h,$R\leqslant30$m;

设计速度20km/h,$R\leqslant20$m。

(2)连续急弯路段

连续有3个或3个以上小于下列半径(R)的平曲线,且各曲线间的直线距离(L)很短且符合下列条件的路段：

设计速度 40km/h，$R \leqslant 60$m，$L \leqslant 50$m；

设计速度 30km/h，$R \leqslant 30$m，$L \leqslant 35$m；

设计速度 20km/h，$R \leqslant 20$m，$L \leqslant 25$m。

受公路周围环境等因素的影响，有些连续急弯路段危险性要高于单个急弯路段，在判定重点实施路段时，可结合事故情况将连续急弯的半径取值适当增大。

3.2.3　陡坡路段

（1）陡坡路段

陡坡路段是指纵坡（$i\%$）符合下列条件的路段：

设计速度 40km/h，$i \geqslant 7$；

设计速度 30km/h，$i \geqslant 8$；

设计速度 20km/h，$i \geqslant 9$。

（2）连续下坡路段

连续下坡路段是指连续设置两个及两个以上下坡的路段。连续下坡路段的长度越长，危险性越大。在具体判定时，可结合历史事故资料，将平均纵坡 i 取值适当减小。

3.2.4　视距不良路段

视距不良路段是指会车视距（L）较短且符合下列条件的路段：

设计速度 40km/h，$L \leqslant 80$m；

设计速度 30km/h，$L \leqslant 60$m；

设计速度 20km/h，$L \leqslant 40$m。

3.2.5　路侧险要路段

陡崖、深沟、填方边坡高度或路肩挡墙高度 $h \geqslant 4$m 且路侧无安全防护设施的路段，或距路肩边缘不足 3m 有湖泊、沟渠、河流、低于农村公路的高速公路和铁路等路侧险要的路段。

3.2.6　平面交叉口路段

支路与干路交叉的锐角小于 60°，停车视距（S_T）符合下列条件的交叉口路段：

设计速度 40km/h，$S_T \leqslant 40$m；

设计速度 30km/h，$S_T \leqslant 30$m；

设计速度 20km/h，$S_T \leqslant 20$m。

3.2.7　行人集中路段

穿越村庄、城镇或沿线 100m 范围内分布有学校、企业且经常有大量行人穿越的路段。

第4章 分级处治对策

山区农村公路安全保障工程分级处治对策是指根据相关技术指标，对安全保障工程重点实施路段按照危险程度进行分级，根据分级结果和可投入改造资金多少，在多种安全保障工程组合对策中选择处治方案的一种技术。山区农村公路安全保障工程分级处治对策提供了安全保障效果从好到一般、造价从高到低的多种可选方案，在资金投入有限的情况下，最大限度地发挥各种安全保障设施的综合防护效果，推动山区农村公路安全保障工程的建设。

4.1 常用的一些安全保障设施

为便于进行安全保障设施的合理选用，本节将山区农村公路常用的安全保障技术或设施（统称措施）集中以图片带编号的方式进行汇总。其中涉及的建议车速标志[编号(15)、(20)]和限速标志[编号(23)]，建议车速值或限速值大小应根据路段具体情况来确定。

4.1.1 路侧护栏设施

(1)波形护栏

(2)缆索护栏

(3)混凝土护栏

(4)城墙式护栏

(5)警示墩

(6)网石拦挡

(7)油桶拦挡

(8)花台式拦挡

(9)警示桩

(10)土石拦挡

(11)栽石拦挡

(12)木质拦挡

4.1.2　交通标志标线

(13)急弯

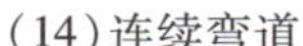
(14)连续弯道

(15)急弯减速

(16)连续下坡

(17)陡坡

(18)急弯下坡减速

(19)急弯下坡减速

(20)建议速度

(21)T 形交叉

(22)减速丘　(23)限速　(24)慢行

(25)减速让行　(26)注意行人　(27)注意儿童

(28)前方村镇　(29)牲畜出入　(30)鸣笛

(31)白色单实线　(32)白色单虚线

(33)双白实线　(34)双白虚线

(35)黄色单实线　(36)黄色单虚线

(37)双黄实线　(38)人行横道线

4.1.3　视线诱导设施

(39)分道体

(40)震荡标线

(41)陶瓷道钉

(42)附着式诱导标

(43)柱式诱导标

(44)柱式轮廓标

4.1.4　路面减速设施

(45)混凝土预制块路面

(46)块石路面

(47)热熔式警示带

(48)块石减速带

(49)条石减速带

(50)鹅卵石减速带

(51)减速丘

(52)橡胶减速带

(53)沥青减速带

4.1.5 视距改良措施

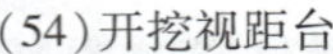
(54)开挖视距台

(55)清理三角区

(56)凸面反光镜

4.1.6 其他安全设施

(57)加宽超高调整

(58)边沟加盖

(59)柱式道口桩

(60)油桶式道口桩

(61)路肩彩化处理

(62)小型环岛

4.2 单个急弯路段分级处治对策

4.2.1 隐患分析

小半径平曲线路段存在的代表性安全问题有：

(1)公路线形改变突然，易导致驾驶员因车速过快而冲出路侧。

(2)弯道内侧视距不良，易导致机动车发生迎面对撞事故。

(3)弯道超高设置不合理，易导致机动车发生侧翻。

4.2.2 指标分级

根据设计速度和弯道半径大小，按照技术指标相对的好与差，分为 3 个等级：

设计速度 40km/h　　$R \leqslant 20$m　　差级

	20m < R≤40m	中级
	40m < R≤60m	良级
设计速度 30km/h	R≤10m	差级
	10m < R≤20m	中级
	20m < R≤30m	良级
设计速度 20km/h	R≤10m	差级
	10m < R≤15m	中级
	15m < R≤20m	良级

4.2.3　分级处治

对应于急弯路段差级、中级、良级 3 个技术指标等级，分别提出一类处治、二类处治和三类处治 3 种不同的综合处治对策与之对应（表 4-1 ~ 表 4-3）。如果某些路段事故多发，宜将处治对策提升一个等级或适当加强措施。

不同急弯路段类型下建议采取的综合处治对策（v = 40km/h）　　表 4-1

序　号	组合对策	一类处治（对应差级）	二类处治（对应中级）	三类处治（对应良级）
1	设置交通标志	(13);(23)、(20)选一	(13);(23)、(20)选一	(13);(23)、(20)选一
2	设置交通标线	(35)	(35)	(35)
3	设置中央隔离	(39)、(40)、(41)选一	(40)、(41)选一	(40)
4	设置行车诱导	(42)、(43)、(44)选一	(42)、(43)、(44)选一	—
5	设置减速设施	(47)	(47)	(47)
6	行车视距改良	(54)或(55)	(55)或(56)	(55)或(56)
7	路侧防护设施	(1)或(2)或(3)	(1)或(2)或(3)	(1)或(2)或(3)
8	其他改良措施	(57)和(58)	(58)	—

注：表中处治对策中的数字为 4.1 节中各种措施的编号，下同。

不同急弯路段类型下建议采取的综合处治对策（v = 30km/h）　　表 4-2

序　号	组合对策	一类处治（对应差级）	二类处治（对应中级）	三类处治（对应良级）
1	设置交通标志	(13);(23)、(20)选一	(13);(23)、(20)选一	(13);(23)、(20)选一
2	设置交通标线	(35)	(35)	(35)
3	设置中央隔离	(39)、(40)、(41)选一	(40)、(41)选一	(40)
4	设置行车诱导	(42)、(43)、(44)选一	—	—
5	设置减速设施	(45)、(46)选一	(48)	(47)
6	行车视距改良	(54)或(55)	(55)或(56)	(55)或(56)
7	路侧防护设施	(1)或(2)或(3)	(1)或(2)或(3)	(3)或(4)
8	其他改良措施	(58)	(58)	—

不同急弯路段类型下建议采取的综合处治对策（v = 20km/h）　　表 4-3

序　号	组合对策	一类处治（对应差级）	二类处治（对应中级）	三类处治（对应良级）
1	设置交通标志	(13)	(13)	(13)
2	设置交通标线	(35)	(35)	(35)
3	设置中央隔离	(40)	(40)	(40)
4	设置行车诱导	(42)、(43)、(44)选一	—	—

续上表

序　号	组合对策	一类处治(对应差级)	二类处治(对应中级)	三类处治(对应良级)
5	设置减速设施	(49)、(50)选一	(49)、(50)选一	(49)、(50)选一
6	行车视距改良	(55)或(56)	(55)或(56)	(55)或(56)
7	路侧防护设施	(1)或(2)或(3)	(4)或(5)	(4)或(5)
8	其他改良措施	(58)	—	—

表4-1～表4-3中提出一类处治、二类处治、三类处治所涉及的具体对策，造价大体由高到低，相应的安全保障效果大体从好到一般，但均能不同程度地提升急弯路段的行车安全水平。实际应用中，应结合运行速度、交通量、道路线形和路侧环境等条件，在条件许可的情况下，优先采用安全保障效果好的组合对策。

4.3　连续急弯路段分级处治对策

4.3.1　隐患分析

连续急弯路段存在的典型安全问题有：

(1)连续急弯伴随视距不良，易引发擦挂和迎面相撞交通事故。

(2)连续急弯伴随陡坡、悬崖，易引发坠车和迎面相撞交通事故。

(3)连续急弯易导致车辆在较高车速状态下发生冲出路外交通事故。

4.3.2　指标分级

连续急弯路段是指有3个或3个以上连续小于下列半径(R)的平曲线，且各平曲线间的直线长(L)小于下列长度的路段：

设计速度40km/h，$R≤60$m，$L≤50$m；

设计速度30km/h，$R≤30$m，$L≤35$m；

设计速度20km/h，$R≤20$m，$L≤25$m。

根据设计速度、连续急弯的个数和急弯半径大小，按照技术指标相对的好与差，分为3个等级：

设计速度40km/h	$R≤60$m的半径个数$n≥2$个	差级
	$R≤60$m的半径个数$n=1$个	中级
	$R≤60$m的半径个数$n=0$个	良级
设计速度30km/h	$R≤30$m的半径个数$n≥2$个	差级
	$R≤30$m的半径个数$n=1$个	中级
	$R≤30$m的半径个数$n=0$个	良级
设计速度20km/h	$R≤20$m的半径个数$n≥2$个	差级
	$R≤20$m的半径个数$n=1$个	中级
	$R≤20$m的半径个数$n=0$个	良级

4.3.3　分级处治

对应于连续急弯路段差级、中级、良级3个技术指标等级，分别提出一类处治、二类处治和三类处治 3 种不同的综合处治对策。如果某些路段事故多发，宜将处治对策提升一个等级或适当加强措施（表 4-4 ~ 表 4-6）。

不同连续急弯路段类型下建议采取的综合处治对策（v =40km/h）　　表 4-4

序　号	组合对策	一类处治（对应差级）	二类处治（对应中级）	三类处治（对应良级）
1	设置交通标志	（14）；（23）、（20）选一	（14）；（23）、（20）选一	（14）；（23）、（20）选一
2	设置交通标线	（35）	（35）	（35）
3	设置中央隔离	（39）、（40）、（41）选一	（40）、（41）选一	（40）
4	设置行车诱导	（42）、（43）、（44）选一	（42）、（43）、（44）选一	—
5	设置减速设施	（47）	（47）	（47）
6	行车视距改良	（54）或（55）	（55）或（56）	（55）或（56）
7	路侧防护设施	（1）或（2）或（3）	（1）或（2）或（3）	（1）或（2）或（3）
8	其他改良措施	（57）和（58）	（58）	—

不同连续急弯路段类型下建议采取的综合处治对策（v =30km/h）　　表 4-5

序　号	组合对策	一类处治（对应差级）	二类处治（对应中级）	三类处治（对应良级）
1	设置交通标志	（14）；（23）、（20）选一	（14）；（23）、（20）选一	（14）；（23）、（20）选一
2	设置交通标线	（35）	（35）	（35）
3	设置中央隔离	（41）	（41）	（41）
4	设置行车诱导	（42）、（43）、（44）选一	—	—
5	设置减速设施	（45）、（46）选一	（48）	（47）
6	行车视距改良	（54）或（55）	（55）或（56）	（55）或（56）
7	路侧防护设施	（1）或（2）或（3）	（1）或（2）或（3）	（3）或（4）
8	其他改良措施	（58）	（58）	—

不同连续急弯路段类型下建议采取的综合处治对策（v =20km/h）　　表 4-6

序　号	组合对策	一类处治（对应差级）	二类处治（对应中级）	三类处治（对应良级）
1	设置交通标志	（14）	（14）	（14）
2	设置交通标线	（35）	（35）	（35）
3	设置中央隔离	（40）	（40）	（40）
4	设置行车诱导	（42）、（43）、（44）选一	—	—
5	设置减速设施	（49）、（50）选一	（49）、（50）选一	（49）、（50）选一
6	行车视距改良	（55）或（56）	（55）或（56）	（55）或（56）
7	路侧防护设施	（1）或（2）或（3）	（1）或（2）或（3）	（3）或（4）
8	其他改良措施	（58）	—	—

4.4　陡坡路段分级处治对策

4.4.1　隐患分析

陡坡路段存在的典型安全问题有：

（1）陡坡一般伴随有陡坎、山崖、河流，易导致车辆发生坠车交通事故。

（2）陡坡一般伴随有急弯、视距不良，易导致车辆迎面相撞交通事故。

（3）陡坡一般伴随有长下坡，易导致车辆制动失控而诱发交通事故。

4.4.2 指标分级

根据设计车速、坡度(i%)大小,在坡长(L)满足规范要求的前提下,按照技术指标相对的好与差,分为3个等级(坡长不满足规范要求按照差级处理)。

设计速度40km/h	$i>8$	—	差级
	$7<i\leqslant 8$	$120\text{m}\leqslant L\leqslant 300\text{m}$	中级
	$i=7$	$120\text{m}\leqslant L\leqslant 500\text{m}$	良级
设计速度30km/h	$i>9$	—	差级
	$8<i\leqslant 9$	$60\text{m}\leqslant L\leqslant 200\text{m}$	中级
	$i=8$	$60\text{m}\leqslant L\leqslant 300\text{m}$	良级
设计速度20km/h	$i>10$	—	差级
	$9<i\leqslant 10$	$100\text{m}\leqslant L\leqslant 200\text{m}$	中级
	$i=9$	$100\text{m}\leqslant L\leqslant 300\text{m}$	良级

4.4.3 分级处治

对应于陡坡路段差级、中级、良级3个技术指标等级,分别提出一类处治、二类处治和三类处治3种不同的综合处治对策(表4-7)。如果某些路段事故多发,宜将处治对策提升一个等级或适当加强措施。

不同陡坡路段类型下建议采取的综合处治对策($v=40$、30、20km/h) 表4-7

序号	组合对策	一类处治(对应差级)	二类处治(对应中级)	三类处治(对应良级)
1	设置交通标志	(17)	(17)	(17)
2	设置减速设施	(52)	(48)、(49)、(50)选一	(47)
3	路侧防护设施	(1)或(2)或(3)	(1)或(2)或(3)	(3)或(4)

4.5 陡坡急弯路段分级处治对策

4.5.1 隐患分析

陡坡与急弯路段的线形组合极不利于车辆行驶安全。尤其是急弯路段一侧临水临崖时,极易引起车毁人亡交通事故,属安全保障工程建设中需要引起高度关注的路段。

4.5.2 指标分级

根据设计车速、坡度(i%)和半径(R)大小,按照技术指标相对的好与差,分为3个等级。

设计速度40km/h	$i\geqslant 7$	$R\leqslant 20\text{m}$	差级
	$i\geqslant 7$	$20\text{m}<R\leqslant 40\text{m}$	中级
	$i\geqslant 7$	$40\text{m}<R\leqslant 60\text{m}$	良级
设计速度30km/h	$i\geqslant 8$	$R\leqslant 10\text{m}$	差级
	$i\geqslant 8$	$10\text{m}<R\leqslant 20\text{m}$	中级
	$i\geqslant 8$	$20\text{m}<R\leqslant 30\text{m}$	良级

设计速度 20km/h	$i \geqslant 9$	$R \leqslant 10\text{m}$	差级
	$i \geqslant 9$	$10\text{m} < R \leqslant 15\text{m}$	中级
	$i \geqslant 9$	$15\text{m} < R \leqslant 20\text{m}$	良级

4.5.3 分级处治

对应于陡坡急弯路段差级、中级、良级 3 个技术指标等级，分别提出一类处治、二类处治和三类处治 3 种不同的综合处治对策(表 4-8 ~ 表 4-10)。如果某些路段事故多发，宜将处治对策提升一个等级或适当加强措施。

不同陡坡急弯路段分级类型下建议采取的综合处治对策(v = 40km/h) 表 4-8

序 号	组 合 对 策	一类处治(对应差级)	二类处治(对应中级)	三类处治(对应良级)
1	设置交通标志	(19);(20)、(23)选一	(19);(23)、(20)选一	(19)
2	设置交通标线	(35)	(35)	(35)
3	设置中央隔离	(40)	(40)	(40)
4	设置行车诱导	(42)、(43)、(44)选一	—	—
5	设置减速设施	(47)	(47)	(47)
6	行车视距改良	(54)或(55)	(55)或(56)	(55)或(56)
7	路侧防护设施	(1)或(2)或(3)	(1)或(2)或(3)	(1)或(2)或(3)
8	其他改良措施	(57)和(58)	(58)	(58)

不同陡坡急弯路段分级类型下建议采取的综合处治对策(v = 30km/h) 表 4-9

序 号	组 合 对 策	一类处治(对应差级)	二类处治(对应中级)	三类处治(对应良级)
1	设置交通标志	(19)	(19)	(18)
2	设置交通标线	(35)	(35)	(35)
3	设置中央隔离	(40)或(41)	(40)或(41)	(40)
4	设置行车诱导	(42)、(43)、(44)选一	—	—
5	设置减速设施	(45)、(46)、(48)、(50)选一	(45)、(46)、(50)选一	(47)
6	行车视距改良	(54)或(55)	(55)或(56)	(55)或(56)
7	路侧防护设施	(1)或(2)或(3)	(1)或(2)或(3)	(1)或(2)或(3)
8	其他改良措施	(57)和(58)	(58)	(58)

不同陡坡急弯路段分级类型下建议采取的综合处治对策(v = 20km/h) 表 4-10

序 号	组 合 对 策	一类处治(对应差级)	二类处治(对应中级)	三类处治(对应良级)
1	设置交通标志	(19)	(17)和(13)	(17)和(13)
2	设置交通标线	(35)	(35)	(35)
3	设置中央隔离	(40)或(41)	(40)或(41)	(40)
4	设置行车诱导	(42)、(43)、(44)选一	—	—
5	设置减速设施	(45)、(46)选一	(49)、(50)、(52)选一	(49)、(50)、(52)选一
6	行车视距改良	(55)或(56)	(55)或(56)	(55)或(56)
7	路侧防护设施	(1)或(2)或(3)	(3)或(4)	(3)或(4)
8	其他改良措施	(58)	—	—

4.6 连续下坡路段分级处治对策

4.6.1 隐患分析

连续下坡路段是指连续设置两个及两个以上的下坡路段。车辆在连续下坡路段行驶,频繁制动往往引起制动毂过热导致制动效能减弱或丧失,进而使车辆失控引发交通事故。

4.6.2 指标分级

连续下坡的长度是诱发交通事故发生的主要因素。根据连续下坡的长度(L)和平均纵坡($i\%$),按照技术指标相对的好与差,分为3个等级。

$6 \leqslant i < 7$	$L \geqslant 2700\text{m}$	差级
	$2100\text{m} \leqslant L < 2700\text{m}$	中级
	$1700\text{m} \leqslant L < 2100\text{m}$	良级
$7 \leqslant i < 8$	$L \geqslant 2300\text{m}$	差级
	$1800\text{m} \leqslant L < 2300\text{m}$	中级
	$1500\text{m} \leqslant L < 1800\text{m}$	良级
$i \geqslant 8$	$L \geqslant 2000\text{m}$	差级
	$1500\text{m} \leqslant L < 2000\text{m}$	中级
	$1300\text{m} \leqslant L < 1500\text{m}$	良级

4.6.3 分级处治

对应于连续下坡路段差级、中级、良级3个技术指标等级,分别提出一类处治、二类处治和三类处治3种不同的综合处治对策(表4-11)。如果某些路段事故多发,宜将处治对策提升一个等级或适当加强措施。

不同连续下坡路段分级类型下建议采取的综合处治对策(v=40、30、20km/h) 表4-11

序 号	组 合 对 策	一类处治(对应差级)	二类处治(对应中级)	三类处治(对应良级)
1	设置交通标志	(16)	(16)	(16)
2	设置中央隔离	(40)	—	—
3	设置减速设施	(48)、(50)选一	(47)、(48)、(50)选一	—

4.7 桥头接小半径平曲线路段分级处治对策

4.7.1 隐患分析

受地形条件限制,山区农村公路上有比较多的桥头接小半径曲线路段。极易诱发碰撞桥头构筑物和冲到桥下交通事故，一旦发生，事故烈度较大，属安全保障工程建设中需要引起高度关注的路段。

4.7.2　指标分级

桥头接小半径曲线路段存在的安全隐患与单个急弯类似，借鉴单个急弯路段的技术分级标准，按照技术指标相对的好与差，分为3个等级（详见本指南4.2.2）。

4.7.3　分级处治

桥头接小半径曲线路段的分级处治对策借鉴单个急弯路段的分级处治对策执行标准，应按本指南表4-1～表4-3的建议进行处治。因桥头接小半径曲线路段的特殊性，一般交通事故烈度较大，除了采取单个急弯路段的分级处治对策外，还应选取以下单项或多项措施进行处治：

（1）桥头接小半径平曲线外侧应设置护栏和视线诱导设施，并与桥梁护栏良好过渡，必须对护栏端头进行光滑处理，护栏间衔接缝隙不宜过长，防止车辆与未经处理的护栏端头相撞，导致护栏刺穿车辆。

（2）桥面上设置路面标线，与单个急弯路段的标线一致。

（3）桥头接小半径平曲线外侧若存在悬崖、陡坎等复杂地形，必须设置波形护栏［编号（1）］或混凝土护栏［编号（3）］。

（4）进入小半径平曲线前设置减速设施［编号（47）］。

4.8　路侧险要路段分级处治对策

4.8.1　隐患分析

路侧险要路段是指公路两侧或一侧分布有陡坎、高大结构物、临崖、临河、临湖的险要路段。路侧险要路段常伴随急弯、陡坡、视距不良现象。山区农村公路多依山傍水，临水临崖，高陡路堤多，极易发生群死群伤的重特大交通事故，属安全保障工程建设中需要引起高度关注的路段。

4.8.2　指标分级

依据路侧险要路段路肩外3m范围内分布的陡坎、结构物、临崖、临河、临湖平均垂直高差（H），将路侧险要路段分为3个等级：

$H>20\text{m}$	差级
$6\text{m}<H\leqslant 20\text{m}$	中级
$4\text{m}<H\leqslant 6\text{m}$	良级

4.8.3　分级处治

对应于路侧险要路段差级、中级、良级3个技术指标等级，分别提出一类处治、二类处治和三类处治3种不同的综合处治对策(表4-12~表4-14)。如果某些路段事故多发,宜将处治对策提升一个等级或适当加强措施。

不同路侧险要路段分级类型下建议采取的综合处治对策(v=40km/h) 表4-12

序号	组合对策	一类处治(对应差级)	二类处治(对应中级)	三类处治(对应良级)
1	设置交通标志	(23)、(20)选一	(23)、(20)选一	(23)、(20)选一
2	设置减速设施	(47)	—	—
3	路侧防护设施	(1)或(2)或(3)	(4)或(5)	(5)

注:如果属于陡坡急弯临崖组合的险要路段,弯道临崖侧要求选用混凝土护栏。

不同路侧险要路段分级类型下建议采取的综合处治对策(v=30km/h) 表4-13

序号	组合对策	一类处治(对应差级)	二类处治(对应中级)	三类处治(对应良级)
1	设置交通标志	(23)、(20)选一	(23)、(20)选一	—
2	设置减速设施	(47)	—	—
3	路侧防护设施	(1)或(2)或(3)	(5)或(6)	(6)

注:如果属于陡坡急弯临崖组合的险要路段,弯道临崖侧要求选用混凝土护栏。

不同路侧险要路段分级类型下建议采取的综合处治对策(v=20km/h) 表4-14

序号	组合对策	一类处治(对应差级)	二类处治(对应中级)	三类处治(对应良级)
1	设置交通标志	(23)、(20)选一	—	—
2	设置减速设施	(47)	—	—
3	路侧防护设施	(5)或(6)	(7)或(8)	(9)

注:如果属于陡坡急弯临崖组合的险要路段,弯道临崖侧要求选用混凝土护栏。

4.9 平面交叉路口分级处治对策

4.9.1 隐患分析

山区农村公路平面交叉路口(含各种类型的支路口)数量多,主线与支路接入线位高差大,支路坡陡,通视情况普遍较差,易诱发撞击行人、侧面冲撞等交通事故。

4.9.2 指标分级

依据设计车速和停车视距(S_T)大小,将平面交叉口路段分为3个等级:

设计速度40km/h　　$S_T \leqslant 20$m　　差级

　　$20\text{m} < S_T \leqslant 30$m　　中级

　　$30\text{m} < S_T \leqslant 40$m　　良级

设计速度 30km/h　　$S_T \leq 10m$　　差级

$10m < S_T \leq 20m$　　中级

$20m < S_T \leq 30m$　　良级

设计速度 20km/h　　$S_T \leq 10m$　　差级

$10m < S_T \leq 15m$　　中级

$15m < S_T \leq 20m$　　良级

4.9.3　分级处治

对应于平面交叉口差级、中级、良级 3 个技术指标等级，分别提出一类处治、二类处治和三类处治 3 种不同的综合处治对策（表 4-15 ~ 表 4-17）。如果某些路段事故多发，宜将处治对策提升一个等级或适当加强措施。

不同平面交叉口分级类型下建议采取的综合处治对策（$v = 40km/h$）　　表 4-15

序　号	组 合 对 策	一类处治（对应差级）	二类处治（对应中级）	三类处治（对应良级）
1	设置交通标志	主线：(21)、(23)和(24) 支线：(22)和(23)	主线：(21)和(24) 支线：(22)和(23)	主线：(21) 支线：(25)
2	设置交通标线	支线：(34)	支线：(34)	—
3	设置减速设施	主线：(47) 支线：(51)或(52)	主线：(47) 支线：(52)	—
4	行车视距改良	主线：(54) 或(55) 支线：(55)	主线：(55) 支线：—	—
5	其他改良措施	主线：(59)或(60) 支线：(59)	主线：(59)或(60) 支线：—	主线：(59)或(60) 支线：—

注：①当两交叉公路为同等级时，建议全部按主线要求进行设置，并增设指路标志。

②当两交叉公路为同等级时，具备条件的情况下宜设置小型环岛（措施编号 62）。

不同平面交叉口分级类型下建议采取的综合处治对策（$v = 30km/h$）　　表 4-16

序　号	组 合 对 策	一类处治（对应差级）	二类处治（对应中级）	三类处治（对应良级）
1	设置交通标志	主线：(21)、(24) 支线：(22)或(23)或(25)	主线：(21) 支线：(24)	主线：(21) 支线：—
2	设置减速设施	主线：(47) 支线：(48)或(49)或(51)	主线：(47) 支线：(49)	—
3	行车视距改良	主线：(54) 或(55) 支线：(55)	主线：(55) 支线：—	—
4	其他改良措施	主线：(59)或(60) 支线：(59)	主线：(59)或(60) 支线：—	主线：(59)或(60) 支线：—

不同平面交叉口分级类型下建议采取的综合处治对策（v=20km/h）　表4-17

序　号	组合对策	一类处治（对应差级）	二类处治（对应中级）	三类处治（对应良级）
1	设置交通标志	主线：(21) 支线：(24)或(25)	主线：(21) 支线：—	主线：(21) 支线：—
2	设置减速设施	主线：(47) 支线：(49)	主线：(47) 支线：—	—
3	行车视距改良	主线：— 支线：(56)	主线：— 支线：—	—
4	其他改良措施	主线：(59)或(60) 支线：—	主线：(59)或(60) 支线：—	主线：(59)或(60) 支线：—

4.10　行人集中路段分级处治对策

4.10.1　隐患分析

穿越村庄、城镇、学校、企业等的农村公路路段，两侧居民和商业活动较多，行人过街频繁，交通干扰大，易诱发各类型交通事故。

4.10.2　指标分级

按照设计车速和穿越路段的类型，将行人集中路段分为3个等级：

设计速度40km/h	穿越学校和村庄	差级
	穿越城镇和企业	中级
	其他	良级
设计速度30km/h	穿越学校和村庄	差级
	穿越城镇和企业	中级
	其他	良级
设计速度20km/h	穿越学校和村庄	差级
	穿越城镇和企业	中级
	其他	良级

4.10.3　分级处治

对行人集中路段差级、中级、良级3个技术指标等级，相应提出一类处治、二类处治和三类处治3种不同的综合处治对策（表4-18～表4～20）。如果某些路段事故多发，宜将处治对策提升一个等级，以便采取更有效的措施进行治理。

不同行人集中路段分级类型下建议采取的综合处治对策（v=40km/h）　表 4-18

序号	组合对策	一类处治（对应差级）	二类处治（对应中级）	三类处治（对应良级）
1	设置交通标志	(28)或(27),(23)	(24)和(26)	(24)
2	设置减速设施	(45)或(46)或(51)	(52)	(47)
3	其他改良措施	(61)	—	—

不同行人集中路段分级类型下建议采取的综合处治对策（v=30km/h）　表 4-19

序号	组合对策	一类处治（对应差级）	二类处治（对应中级）	三类处治（对应良级）
1	设置交通标志	(24)或(23),(27)或(28)	(24)	(24)
2	设置减速设施	(45)或(46)	(52)	—
3	其他改良措施	(61)	—	—

不同行人集中路段分级类型下建议采取的综合处治对策（v=20km/h）　表 4-20

序号	组合对策	一类处治（对应差级）	二类处治（对应中级）	三类处治（对应良级）
1	设置交通标志	(24)或(23),(27)或(28)	(24)	(24)
2	设置减速设施	(48)或(49)或(50)	(52)或(53)	—
3	其他改良措施	(61)	—	—

第5章　常用设施设置技术

5.1　交通标志设置技术

5.1.1　交通标志分类

道路交通标志按 GB 5768.2 规定分为主标志和辅助标志两大类。主标志包括警告标志、禁令标志、指示标志、指路标志、旅游区标志、告示标志等。辅助标志是附设在主标志下，起辅助说明作用的标志，不能单独设立和使用。

5.1.2　一般规定

(1)交通标志必须满足 GB 5768.2 中关于交通标志版面、结构的要求。

(2)交通标志必须与交通标线配合使用，表达的功能协调一致。当使用单个交通标志难以传递完整信息时，可考虑设置辅助交通标志，辅助标志附设在主标志下，起辅助说明作用，见图5-1。

图5-1　辅助标志示意图

(3)交通标志必须保证良好的可视性，包括标志本身的可视性以及驾驶员视线的可视性。

(4)应合理设置交通标志的数量，避免间距过密、信息过载。

(5)在保证交通标志功能要求的前提下，结合美观需求，也可论证使用低造价的结构形式和材料，如利用电线杆作为交通标志的立柱。

5.1.3　标志版面尺寸

设计速度小于40km/h的农村公路标志版面尺寸最小值按表5-1选取，辅助标志文字高度最小值为10cm。标志的外观形状和颜色必须符合表5-2要求。交通标志采用的字体、大小必须符合规范(GB 5768.2 和 GB 5768.3)的相关规定。

标志版面尺寸最小值　　表 5-1

标志类型	尺寸(cm)	标志类型	尺寸(cm)
三角形,边长	70	正方形,边长	60
圆形,直径	60	矩形	长 90、宽 130
八角形,外径	60		

标志版面形状及颜色规定　　表 5-2

标志类型	形　状	颜　色
警告标志	三角形,顶角向上	黄底、黑边、黑图形
禁令标志	圆形;八角形(停车让行);减速让行(三角形,顶角向下)	白底、红圈、红杠、黑图形,图形压杠
指示标志	圆形、长方形、正方形	蓝底、白图形
指路标志	长方形、正方形	蓝底、白图形、白边框、蓝色衬边
辅助标志	矩形	白底、黑字、黑边框、白色衬边

5.1.4　标志立柱及设置方式

交通标志的立柱形式分为柱式、悬臂式、门式和附着式 4 种,柱式又可分为单柱式和双柱式两种。

(1)农村公路宜选用单柱式和悬臂式;在路侧植被茂密且不易清除路段可选用悬臂式;指示地点标志可选用双柱式;附近有构造物(如桥梁、隧道、路灯)时可采用附着式。新增标志时注意与原有标志形式上的协调一致。

(2)柱式、附着式立柱安装高度必须在 150 ~ 250cm 之间,不得侵入公路建筑界限内。

(3)悬臂式立柱的安装必须满足 JTG D82 规定,三级公路、四级公路净高为 4.5m。

(4)采用柱式、悬臂式立柱时其结构强度必须满足《道路交通标志和标线》(GB 5768—2009)要求,同时保证基础稳定。

(5)交通标志间宜保持合理间距,农村公路标志设置间距不宜小于 30m。

(6)同一支撑结构上的标志不宜超过 4 个,必须按禁令、指示、警告顺序,先上后下、先左后右进行排列。

(7)标志的前置距离宜根据设计车速确定。设计车速 20km/h 时建议为 15m,设计车速 30km/h 时建议为 25m,设计车速 40km/h 时建议为 30m。如果不具备设置条件,可适当往设置点前后移动。

5.1.5　标志设置位置

根据 GB 5768.2 道路交通标志规定要求,警告标志前置距离一般根据道路的设计速度按照表 5-3 选取。也可以考虑所处路段的最高限制速度或运行速度等按表 5-3 进行适当调整。

警告标志前置距离一般值(单位:m) 表5-3

速度(km/h)	减速到下列速度(km/h)							
	条件A	条件B						
	0	10	20	30	40	50	60	70
40	*	*	*	*				
50	*	*	*	*	*			
60	30	*	*	*	*			
70	50	40	30	*	*	*	*	
80	80	60	55	50	40	30	*	*

注:条件A——道路使用者有可能停车后通过警告地点,典型的标志如注意信号灯标志、交叉口警告标志、铁路道口标志等。

条件B——道路使用者应减速后通过警告地点,典型的标志如急弯路标志、连续弯路标志、陡坡标志等。

*——不提供具体建议值,视当地具体条件确定。

禁令、指示标志应设置在禁止、限制或遵循路段开始的位置。部分禁令、指示标志开始路段的路口前适当位置应设置相应的指路标志提示,使被限制车辆能够提前绕道行驶。

5.2 交通标线设置技术

5.2.1 交通标线分类

道路交通标线按功能可分为以下3类:

(1)指示标线:指示车行道、行车方向、路面边缘、人行道、停车位、停靠站及减速丘等的标线。

(2)禁止标线:告示道路交通的遵行、禁止、限制等特殊规定的标线。

(3)警告标线:促使道路使用者了解道路上的特殊情况,提高警觉准备防范应变的标线。

道路交通标线按设置方式可分为以下3类:

(1)纵向标线:沿道路行车方向设置的标线。

(2)横向标线:与道路行车方向交叉设置的标线。

(3)其他标线:字符标记或其他形式标线。

5.2.2 车行道中心线

农村公路路基宽度能满足会车要求时,宜施画黄色中心虚线[编号(36)]。在不能满足会车视距要求的急弯路段、连续急弯路段、桥头接小半径曲线路段以及穿越村庄、场镇路段,必须施画黄色单实线[编号(35)],线宽15cm;路面宽度较窄时可采用10cm。

5.2.3 车行道边缘线

有条件的路段(双车道路基宽度≥7.5m或单车道路基宽度≥4.5m)可设置车行道边缘线,线宽15cm;路面宽度较窄时可采用10cm[编号(31)]。

5.2.4 人行横道线

相邻人行横道线设置间距不宜小于150m。人行横道线一般与道路中线平行,最小长度为300cm,并可根据行人交通量以100cm为一级加宽。人行横道线线条宜与道路中线平行，线条宽度宜为40cm或45cm，间隔宜为60cm。未设置“停车让行”标志或无信号灯控制路段设置人行横道线时，必须设置停止线和人行横道预告标志，并配合人行横道交通标志使用[编号(38)]。

5.2.5　停止线

停止线设置于交叉路口人行横道线前及铁路平交道口等需要车辆停止的位置。停止线为白色实线。停止线宽度可根据交通量、行驶速度选用20cm或30cm[编号(31)]。

5.2.6　停车让行线

在设有“停车让行”标志的路口，有施画标线条件下，宜设置停车让行线。停车让行线为两条平行白色实线和一个白色“停”字。白色实线宽度为20cm[编号(33)]，间隔为20cm，“停”字宽度为100cm，高度为250cm。

5.2.7　减速让行线

在设有“减速让行”标志的路口，有施画标线条件宜设置减速让行线。减速让行线为平行的两条白色平行的虚线和一个倒三角形。虚线宽度为20cm，两条虚线间隔为20cm[编号(34)]，倒三角形底宽为120cm，高度为300cm[编号(25)]。

5.3　路侧护栏设施设置技术

5.3.1　路侧护栏设施选用

农村公路路侧护栏设施宜选用波形梁护栏、缆索护栏、混凝土护栏、警示墩、警示桩等类型，也可根据实际情况从降低造价的角度选用乡土化的城墙式护栏、网石拦挡、油桶拦挡、花台式拦挡、栽石拦挡、土石拦挡等路侧护栏设施(表5-4)。选用时，宜根据交通量、交通事故资料、车辆驶出路外可能性判断和路侧危险程度，结合道路线形、道路环境，在综合分析的基础上，确定是否设置路侧护栏设施和选用哪一种类型的路侧护栏设施。为了提升路侧护栏设施夜间行车的诱导能力，护栏设置的同时要同步考虑诱导设施的配置，具体设置技术参见5.5节。

路侧护栏设施选用参考表　　表5-4

设施种类	适用路侧条件	图　示	建设成本估价(元/延米)	日常维护费用估价
波形梁护栏	路侧宽度大于0.5m		180～220	较高

续上表

设 施 种 类	适用路侧条件	图　示	建设成本估价（元/延米）	日常维护费用估价
缆索护栏(5 索)	路侧宽度大于 0.5m		260～300	高
混凝土护栏	路侧宽度大于 1m		200～240	低
警示墩	路侧宽度大于 1m		140～180	较高
警示桩	路侧宽度大于 0.5m		40～50	较高
城墙式护栏	路侧宽度大于 1m		150～170	较高
网石拦挡	路侧宽度大于 1m		140～160	低

续上表

设施种类	适用路侧条件	图　示	建设成本估价（元/延米）	日常维护费用估价
油桶拦挡	路侧宽度大于 1.5m		90～120	低
花台式拦挡	路侧宽度大于 1.5m		140～160	低
栽石拦挡	路侧宽度大于 1m		40～60	低
土石拦挡	路侧宽度大于 1.8m		30～40	低

注：路侧宽度是指路肩及路肩外侧高差小于 1m、相对平坦、基础坚实的带状区域宽度。

5.3.2　波形梁护栏

波形梁护栏具有较好的防护效果，施工、维护方便，外形美观。波形梁护栏造价较高，碰撞后易损坏，防盗性能较差。

农村公路宜选用 A 级、B 级波形梁护栏。在发生过两次特大事故或事故频发的路段选择 A 级，其余路段选择 B 级。波形梁护栏的一次设置最小长度不小于 28m。波形梁护栏拦板或立柱、端头宜粘贴反光膜，设计车速 40km/h、30km/h 时反光膜的等级不低于 4 级，设计车速 20km/h 时反光膜的等级不低于 5 级。波形梁护栏的构造、设计尺寸、具体要求参见 JTG/T D81（图 5-2）。

5.3.3 缆索护栏

缆索护栏防护效果较好,外形美观,与周边环境的相融性好,没有压迫感。缆索护栏建设及养护费用较高,施工难度较大。缆索护栏适用于有不均匀下沉、长直线及有景观要求的路段,不适用于小半径弯道内侧、路侧安全感较差及需要设置护栏长度较短的路段。缆索护栏的一次设置最小长度不小于80m。

缆索护栏按防撞等级分为A级(6根缆索)和B级(5根缆索)两类,农村公路一般情况下采用B级。缆索护栏的构造、设计尺寸、具体要求参见JTG/T D81(图5-3)。

图5-2 波形梁护栏

图5-3 缆索护栏(5索)

5.3.4 混凝土护栏

混凝土护栏防护性能好,施工简便,不需要经常性维护,但通透性较差,景观效果不好。混凝土护栏主要设置于路侧特别危险的跨河大桥、临崖、临河、急弯、连续急弯等路段,见图5-4和图5-5。混凝土护栏的一次设置最小长度不小于10m。

图5-4 急弯路段的混凝土护栏

图5-5 临崖路段的混凝土护栏

农村公路临崖、临河、急弯、连续急弯等路段宜选用A级F型混凝土护栏和单坡型护栏,在长下坡接小半径平曲线临崖、临水路段,宜根据危险程度选择SB级F型混凝土护栏(见图5-5)和单坡型护栏。跨越深谷、深沟、江河、湖泊的农村公路桥梁必须设置桥梁护栏，一般情况下宜选用B级桥梁护栏，发生过两次重大事故及以上者宜选用A级桥梁护栏。混凝土护栏、桥梁护栏的混凝土强度严禁低于C20。混凝土护栏、桥梁护栏的构造、设计尺寸、具体要求参见JTG/T D81。

5.3.5　警示墩

警示墩(图5-6)具有一定防护和视线诱导功能，施工、维护简单，造价较低。通常设于交通量较小或路侧危险程度较低且视线良好的路段。警示墩的一次设置最小长度不小于10m。为了改善夜间行车条件，提升诱导功能，可以参照表5-4中警示墩，在警示墩顶面沿道路一侧设置反光道钉，每个警示墩设置3个。

图5-6　警示墩

警示墩净距2m，长度200cm、宽度50cm、高度100cm，埋深大于40cm，墩身表面用红白相间10cm的反光油漆涂刷。警示墩结构与细部尺寸如图5-7所示。

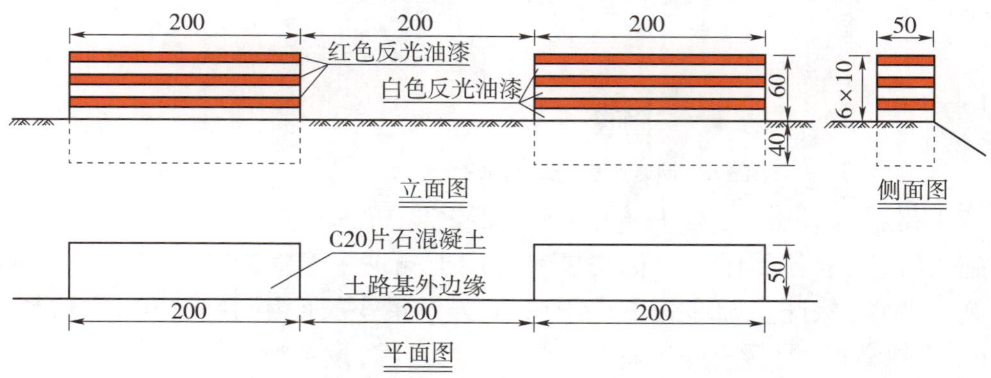

图5-7　警示墩结构及细部尺寸图(尺寸单位：cm)

(1)施工材料：C20混凝土，片石，油漆。

(2)施工工艺：准备工作→支模板→混凝土浇筑→养生拆模→刷漆。

(3)施工要点：保证基础埋深大于40cm，尺寸控制长×宽×高为200cm×50cm×100cm，片石含量足够、混凝土强度达标。

5.3.6　城墙式护栏

城墙式护栏(图5-8)防护性能较好，施工、维护方便。因在护栏顶部采用城墙式造型,在防护的同时可降低行车压抑感,适用于有景观要求的农村公路选用。城墙式护栏的一次设置最小长度不小于15m,襟边预留宽度不小于15cm。

图5-8　城墙式护栏

城墙式护栏包括现浇混凝土基础和浆砌块石(砖)城垛两个部分,具体结构尺寸如图5-9所示。

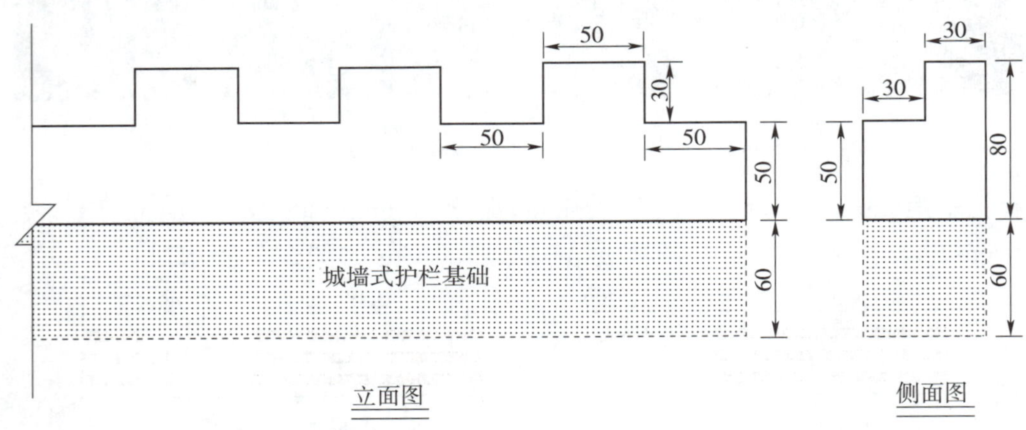

图5-9　城墙式护栏设计细部尺寸图(尺寸单位:cm)

(1)施工材料:C25混凝土、片石、块石、油漆。

(2)施工工艺:准备工作→模板支护→混凝土浇筑→养生拆模→砌筑城垛→刷漆。

(3)施工要点:保证基础埋深不小于60m,连续最小长度不小于15m,襟边预留宽度不小于15cm,控制高程、混凝土强度达标,片石含量足够,设置泄水口。

5.3.7　网石拦挡

网石拦挡具有一定的防护能力,有一定的变形能力,发生撞击后对车辆及驾乘人员的损伤较小。网石拦挡制作简单,施工方便,造价较低,比较适合石料丰富地区选用。网石拦挡体积较大,主要用于土路肩宽度大于1m的路侧险要路段,见图5-10。网石拦挡的一次设置最小长度不小于15m。

网石拦挡长度200cm,宽度100cm,高度100cm,净距2m。网石拦挡施工工艺:开挖基坑→制作钢筋笼→固定钢筋笼→填筑碎石→回填土体→夯实→砂浆抹面。

图5-10　网石拦挡

5.3.8　油桶拦挡

油桶拦挡是利用废旧沥青桶、汽油桶填装沙石并固定于路肩上的路侧拦挡设施。油桶拦挡具有一定防护功能和较好的视线诱导功能，且具有一定的缓冲功能，发生碰撞后对车辆损坏较小。油桶拦挡制作简单，施工方便，造价较低。油桶拦挡对路侧空间要求较大，适用于路侧边坡较为平缓，路侧净宽大于1.5m的路段。油桶拦挡的一次设置最小长度不小于15m。

油桶拦挡按照基础部位是否相连分为基础独立式（图5-11）和基础连续式（图5-12）两种。基础独立式油桶相邻净间距1.5～2m，基础连续式油桶净间距3～5m，油桶埋深为60cm，油桶底部周围包裹混凝土厚度必须大于20cm。油桶拦挡的设计尺寸参见图5-13和图5-14。

图5-11　基础独立式油桶拦挡

图5-12　基础连续式油桶拦挡

（1）施工材料：高120cm、直径80cm表面无破损的油桶，砂或碎石，油漆或反光膜，C20混凝土。

（2）施工工艺：开挖基坑→安置油桶→浇筑基础→回填土夯实→装填填料→封顶→刷漆或粘贴反光膜。

（3）施工要点：保证基础埋深不小于60m，油桶底部包裹混凝土厚度不小于20cm，尺寸控制，混凝土强度达标。

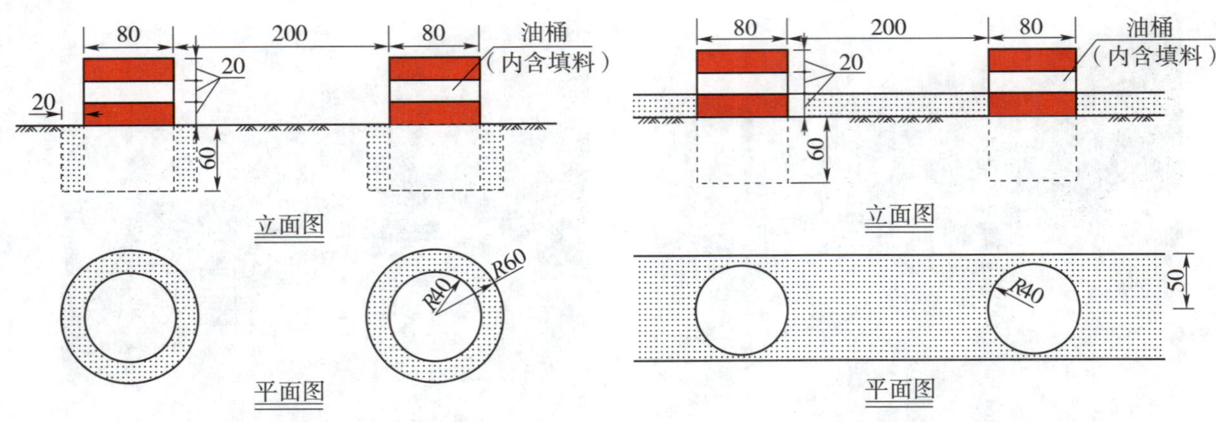

图 5-13　基础独立式油桶拦挡结构及细部尺寸图(尺寸单位:cm)

图 5-14　基础连续式油桶拦挡结构及细部尺寸图(尺寸单位:cm)

5.3.9　花台式拦挡

花台式拦挡是以警示墩为基础,在警示墩外侧加设一个窄小花圃而形成的一种具有良好景观效果的路侧拦挡设施。花台式拦挡具有一定的防护能力,造价较低,施工方便。花台式拦挡适合于路侧净宽大于 1.5m 的路段(图 5-15)。花台式拦挡的一次设置最小长度不小于 15m。

花台式拦挡设计尺寸如图 5-16 所示,净距 2m,花台内可填入泥土用以种植树木或花草,达到路侧防护与景观效果双重功能。

图 5-15　花台式拦挡

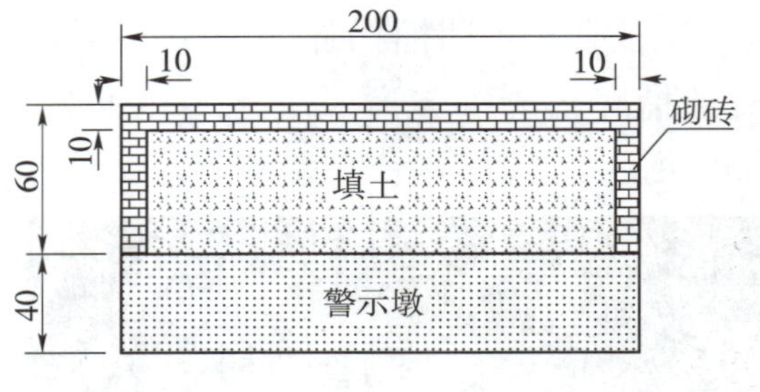

图 5-16　花台式拦挡结构及平面细部尺寸图(尺寸单位:cm)

5.3.10　栽石拦挡

栽石拦挡是指在石料丰富地区,利用大块天然岩石或爆破岩石稍作外观整理,按照一定要求栽入路肩之上的一种简易式路侧拦挡设施(图 5-17),适合于路侧净宽大于 1m 的路段。栽石拦挡具有一定的拦挡能力,施工维护简便,造价低廉,在资金紧张的情况下可以作为临时的安全防护设施使用。栽石拦挡的一次设置最小长度不小于 15m。

图 5-17　栽石拦挡

(1)施工材料:修整后长、宽、高≥30cm 的岩石,C20 混凝土,油漆。

(2)施工工艺:开挖基坑→浇筑基础→栽入岩石→回填土夯实→刷漆。

(3)施工要点:保证基础埋深不小于 60cm,连续最小长度不小于 15m,混凝土强度达标。

5.3.11　土石拦挡

土石拦挡是指充分利用路侧净宽(要求大于 1.8m),用土或土和石分层填筑,人工压实后而形成的一种简易式路侧拦挡设施(图 5-18)。土石拦挡具有一定的拦挡能力,施工简便,造价低廉,在资金紧张的情况下可以作为临时的安全防护设施使用。土石拦挡的一次设置最小长度不小于 15m。

(1)施工材料:土或土石混合料。

(2)施工工艺:清理基底→依次分层填筑土、压实→简易排水设施→植草绿化。

(3)施工要点:保证连续最小长度不小于 15m,分层填土厚度、分层压实,设置排水设施。

图 5-18　土石拦挡

5.4　路面减速设施设置技术

5.4.1　路面减速设施选用

减速设施按照减速效果可以分为警示性减速设施、渐变性减速设施以及强制性减速设施 3 种类型。农村公路路面减速设施可选用混凝土预制块路面、块石路面、热熔式警示带、块石减速带、条石减速带、鹅卵石减速带、减速丘、橡胶减速带、沥青减速带(表 5-5)。选用路面减速设施时,宜根据公路等级、交通量、交通事故资料,结合道路线形、道路环境,在综合分析的基础上选用。设置强制性减速设施的路段,必须提前设置预告标志。选择减速设施类型时,如能通过主动提示达到减速目的的路段,尽量不选用强制性减速设施。

路面减速设施选用参考表 表 5-5

设施种类	减速效果	图示	建设成本估价（元/m²）	日常维护费用估价
混凝土预制块路面	良好（渐变性减速设施）		100 ~ 120	低
块石路面	良好（渐变性减速设施）		80 ~ 100	低
热熔式警示带	一般（警示性减速设施）		200 ~ 230	较高
块石减速带	良好（渐变性减速设施）		150 ~ 180	高
条石减速带	良好（强制性减速设施）		80 ~ 100	低
鹅卵石减速带	良好（强制性减速设施）		100 ~ 120	低
减速丘	良好（强制性减速设施）		200 ~ 220	较高

续上表

设施种类	减速效果	图　示	建设成本估价（元/m^2）	日常维护费用估价
橡胶减速垄	良好（强制性减速设施）		100~120	低
沥青减速带	良好（强制性减速设施）		150~180	低

5.4.2　混凝土预制块路面

混凝土预制块路面是指用一定规格的混凝土预制块按照一定工艺铺装而成的路面类型(图5-19)，利用车辆行驶所产生的颠簸力迫使驾驶员达到减速、降速目的。混凝土预制块路面减速、降速效果较好，属于渐变性减速设施。

(1)施工材料:混凝土预制块(表5-6)，砂，水泥。

(2)施工工艺:清理基层→铺砂→铺预制块→接缝调整→振捣→灌接缝砂→整理。

(3)施工要点:保证预制块厚度不小于10cm，宽度不小于10cm，充分振实。

图5-19　混凝土预制块路面

混凝土预制块的规格要求　　表5-6

指　标		参　考　值
几何尺寸	长宽比	1.5~2
	最小厚度(cm)	10
	最小宽度(cm)	10

续上表

指　　标		参　考　值
强度耐久性	最小平均抗压强度(MPa)	30
	最小弯拉强度(MPa)	4.0
	最大平均吸水率(%)	5
	最大冻融质量损失(%)	1(ASTMC67-73)

5.4.3　块石路面

块石路面是指用整齐或不整齐的石块铺筑而成的路面结构,见图5-20。利用车辆行驶所产生的颠簸力达到减速、降速的作用。块石路面减速、降速效果较好,属于渐变性减速设施。块石要求:厚度18~20cm,湿压强度≥30MPa,洛杉矶磨耗率10%。图5-21为块石路面结构示意图。

图5-20　块石路面

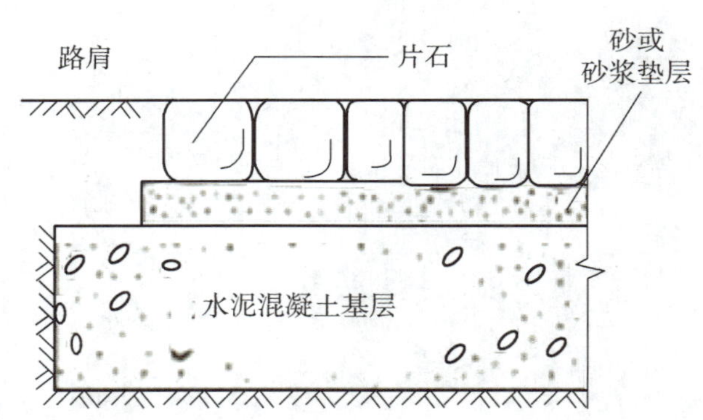

图5-21　块石路面结构示意图

(1)施工材料:块石,砂或岩渣、石屑。

(2)施工工艺:清理基层→调平→埋置缘石→铺块石→嵌缝→开放交通→整体凿面。

(3)施工要点:保证块石厚度18~20cm,嵌缝不大于2cm,整体凿面平整。

5.4.4　热熔式警示带

热熔式警示带是利用热熔式震荡标线,变纵向铺设为横向铺设而形成的一种警示性减速设施，见图 5-22。热熔式警示带施工方便，但减速效果一般，耐久性一般，为了保持一定的震荡警示效果，需要经常进行维护。

图 5-22　热熔式警示带

5.4.5　块石减速带

块石减速带是指利用方形规整的弹石呈条带状（宽度 1～2m）铺筑于路面上的减速设施，见图 5-23。块石减速带利用车辆行驶所产生的间断性颠簸力达到减速、降速作用。块石减速带减速、降速效果较好，属于渐变性减速设施。

图 5-23　块石减速带

5.4.6　条石减速带

条石减速带是将成品条石镶嵌在公路路面结构中而形成的减速设施，见图 5-24。条石减速带利用车辆行驶所产生的瞬间颠簸达到减速、降速作用。条石减速带减速、降速效果较好，属于强制性减速设施，必须与交通标志、标线配合使用。

条石减速带适用于村镇等运行车速较低的路段。条石减速带路面凸起部分寸长度 30cm，宽度 20cm。条石减速带中条石布设横向净距 40cm，纵向净距 40cm，交错布置，凸出路面高度 5cm，边缘及棱角宜做打磨处理，见图 5-25。

图 5-24　条石减速带

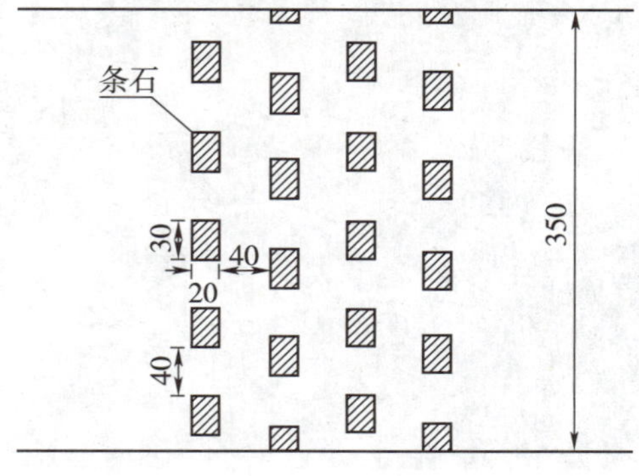

图 5-25　条石减速带平面布置示意图（尺寸单位：cm）

5.4.7 鹅卵石减速带

鹅卵石减速带是将直径5～7cm的卵石或块石镶嵌于未硬化的水泥面层中而形成的减速设施，见图5-26。鹅卵石减速带利用车辆行驶所产生的瞬间颠簸达到减速、降速作用。鹅卵石减速带减速、降速效果较好，属于强制性减速设施，必须与交通标志、标线配合使用。图5-27为鹅卵石减速带平面布置示意图。

图5-26 鹅卵石减速带与块石减速带

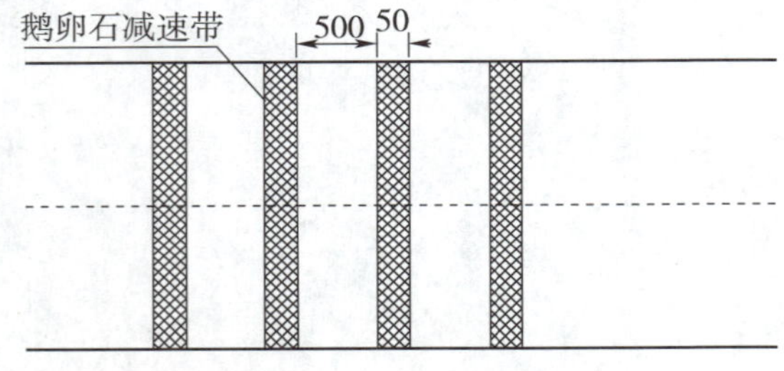

图5-27 鹅卵石减速带平面布置示意图(尺寸单位:cm)

5.4.8 减速丘

减速丘是用沥青混合料或水泥混凝土按照一定尺寸要求修筑而成的带有两个上下坡面和一个宽大平台的减速设施，见图5-28。减速丘利用车辆行驶所产生的瞬间颠簸达到减速、降速作用，且控速效果较好，属于强制性减速设施，必须与交通标志、标线配合使用。图5-29为减速丘断面尺寸图，图5-30为减速丘设置平面布置示意图。

图5-28 减速丘

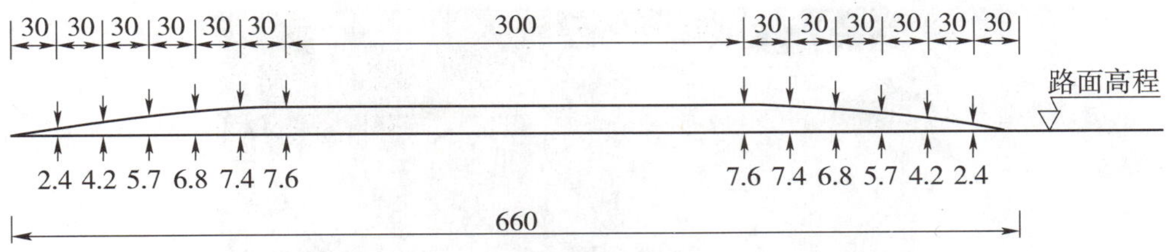

图 5-29　减速丘断面尺寸图(尺寸单位:cm)

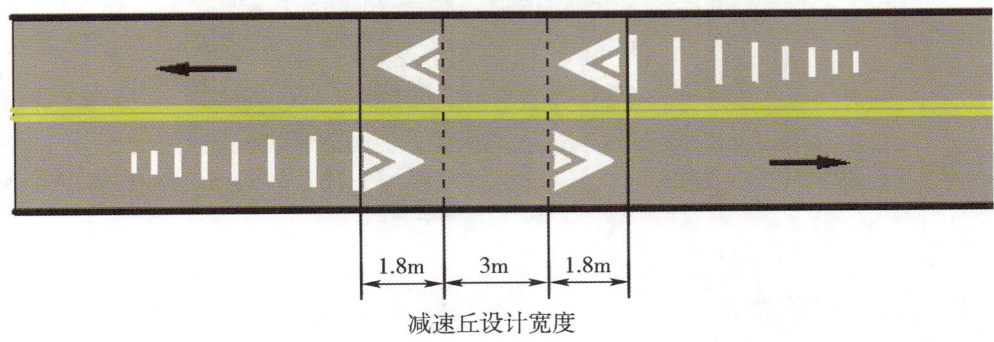

图 5-30　减速丘平面布置示意图

5.4.9　橡胶减速垄

橡胶减速垄是一种用橡胶材料加工成坡面外形之后,用膨胀螺丝固定于公路路面中的减速安全设施,见图 5-31。橡胶减速垄减速、降速效果较好,属于强制性减速设施,必须与交通标志、标线配合使用。

图 5-31　橡胶减速垄

5.4.10　沥青减速带

沥青减速带是用沥青混合料按照一定的尺寸要求修筑而成的外观呈圆弧状的减速设施,见图 5-32。沥青减速带减速、降速效果较好,属于强制性减速设施,必须与交通标志、标线配合使用。

图 5-32　沥青减速带

5.5　视线诱导设施设置技术

农村公路上很少设置线形诱导设施，严重影响夜间行车的安全性。完善线形诱导设施能有效改善农村公路夜间行车条件。在路侧护栏设施上，应该根据具体条件，合理选择并设置诱导设施。

5.5.1　轮廓标

轮廓标用以标明公路几何线形，诱导驾驶员视线，提升行车安全水平。轮廓标有柱式和附着式两种类型。

(1)柱式轮廓标

传统的柱式轮廓标由柱体和反射材料组成。柱体为圆柱体，上部削成三角形断面，顶部斜向行车道。柱身为白色，柱体上部有 250mm 长的一圈黑色标记，黑色标记的中间设有 180mm × 40mm 的逆反射材料，见图 5-33。传统的柱式轮廓标视线诱导性能好，但造价相对较高。在资金受限时，也可以采用孔径 10 ~ 15cm 的 PVC 管，通过灌装水泥砂浆和粘贴反光膜制作简易式轮廓标，以替换传统的柱式轮廓标，见图 5-34 和图 5-35。

图 5-33　传统的柱式轮廓标

图 5-34　PVC 管轮廓标

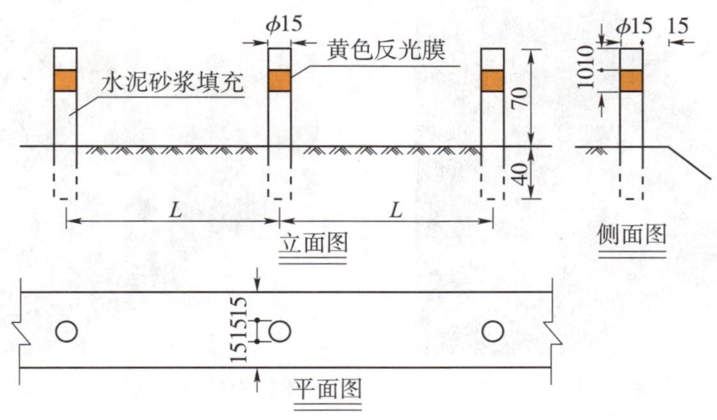

图5-35 PVC管轮廓标(尺寸单位:cm)

(2)附着式轮廓标

传统的附着式轮廓标附着于护栏上,由逆反射材料、支架和连接件组成。其逆反射材料形状为梯形,通过支架固定在护栏与连接螺栓中。安装时,逆反射表面与道路中线垂直,见图5-36。其优点为造价较低,施工方便,但防盗性能不好,必须在有护栏的路段应用。在农村公路上,也可以在路侧混凝土护栏、警示墩、城墙式护栏、网石拦挡、油桶拦挡、花台式拦挡、载石拦挡的顶面沿行车道一侧适当位置,通过固定反光道钉,或者迎车面粘钉反光膜的简易处理方式改善夜间行车诱导,见图5-37至图5-41。

图5-36 传统的附着式轮廓标

图5-37 带反光道钉诱导的混凝土护栏

图5-38 带反光道钉诱导的警示墩

图5-39 带反光膜的警示墩

图 5-40　带反光膜的城墙式护栏

图 5-41　带反光膜和道钉的城墙式护栏

轮廓标设置要点：

①间隔(L)：$R \leqslant 20$m，$L=6$m；20m $< R \leqslant 30$m，$L=8$m；30m $< R \leqslant 60$m，$L=10$m。

②轮廓标颜色为白色，设置在公路土路肩上或附着在路侧护栏上。

③轮廓标设置高度为 60～70cm，以 70cm 为宜。各类轮廓标的设置高度宜保持一致。轮廓标反射器的安装角度宜与驾驶员视线方向垂直。

④轮廓标安置宜简单且经济合理，其性能必须满足 JT/T 388 的要求。

5.5.2　线形诱导标

线形诱导标用以诱导驾驶员视线，保障车辆通行安全，线形诱导标分为指示性和警告性两种。指示性线形诱导标为蓝底白色图案，警告性线形诱导标为红底白色图案，见图 5-42，可使驾驶员提高警觉，并准备采取防范应变之措施。

图 5-42　线形诱导标示意图

线形诱导标设置要点：

(1)基本单元设计尺寸：可选用宽高 400mm×600mm，不小于 220mm×400mm 版面。

(2)设置数量和间距：线形诱导标的设置宜根据平曲线半径、平曲线长度、偏角大小确定。偏角较小(小于等于 7°)的平曲线路段，可在曲线中点位置设置一块诱导标；偏角较大(大于 7°)，平曲线较长的路段，可根据需要设置若干块诱导标，保证驾驶员在平曲线范围内连续看到不少于 3 块诱导标。

(3)设置高度：线形诱导标下缘至路面的高度宜为 120～150cm，版面必须垂直于驾驶员视线。

(4)结构形式：线形诱导标一般为单柱式支撑方式(见图 5-43)，桥梁及有混凝土护栏路段可采用附着式支撑。若资金短缺，可将线形诱导标固定在混凝土护栏表面上，见

图 5-44。其他性能必须满足 GB 5768.2 的具体要求。

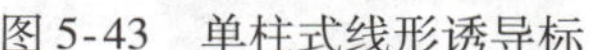

图 5-43　单柱式线形诱导标

图 5-44　附着式线形诱导标

5.5.3　道口桩

道口桩设在有支路接入的平面交叉口两侧，用来警示和告知驾驶员前方有平面交叉口应注意车辆通行安全。农村公路上有机动车通行且视距不良的支路两侧必须设置道口桩；已经设置指路标志或平面交叉标志的路口，可不再设置道口桩。道口桩分为柱式（图 5-45）和油桶式（图 5-46）两种。在满足可视性和防盗的前提下，弹性反光橡胶柱、警示桩、涂上油漆的钢管均可作为柱式道口桩。

图 5-45　柱式道口桩

图 5-46　油桶式道口桩

道口桩设置要点：道口桩必须设置在主线与支路交叉口的两侧，支路宽度大于 5m 的路口两侧各设置一根，支路宽度大于 5m 小于 7m 的路口两侧各设置两根，见图 5-47。

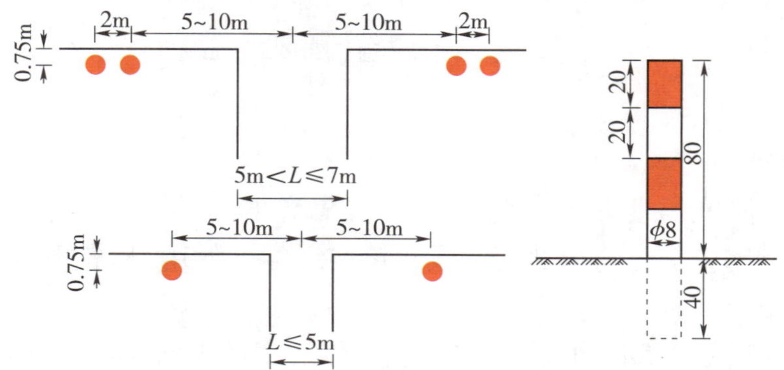

图 5-47　道口桩设置位置和细部尺寸（未标注尺寸单位者以 cm 为单位）

5.5.4 警示桩

传统的警示桩(图5-48)设置于路肩上,警示驾驶员注意道路线形变化及路侧边缘。警示桩不具备防护能力,一般设置于运行车速较低、路侧危险度不大、车辆冲出路外不会产生伤亡的路段。

警示桩桩体一般为混凝土预制,设置间距2m,用红白相间10cm或15cm的红色油漆涂刷表面。为了在夜间起到诱导作用,警示桩预制时可以预留凹槽,在凹槽中粘贴反光膜,加强警示桩夜间视线诱导功能,见图5-49。警示桩设计细部图如图5-50。

图5-48 传统的警示桩

图5-49 带反光膜的警示桩

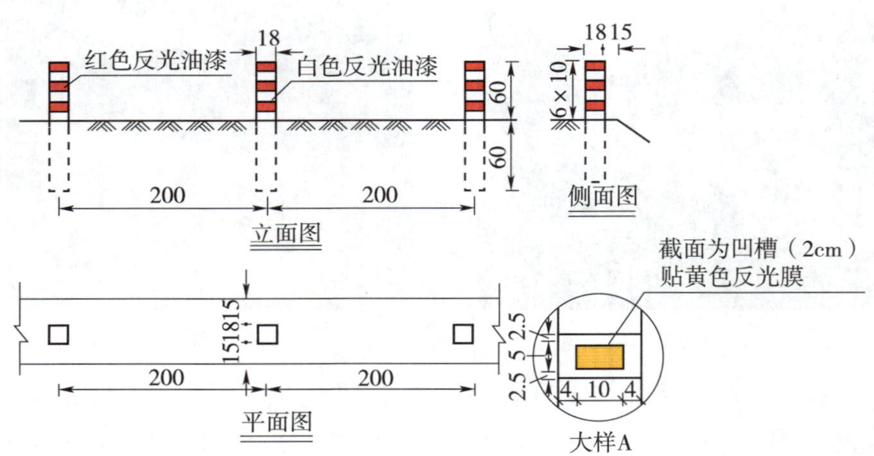

图5-50 警示桩设计细部图(单位:cm)

5.5.5 陶瓷道钉

在一些急弯路段或需要对双车道行车进行隔离的路段,可以选择直径15cm、厚度5cm,带双面反光的陶瓷道钉与单黄实线或双黄实线配合使用,具有视线诱导和行车道软隔离双重作用,见图5-51。

陶瓷道钉设置间距0.5m。施工时,先定位,然后清洗表面,待干燥后用环氧树脂直接把陶瓷道钉黏附在公路表面上,养生5~12h后即可开放交通。

图 5-51　陶瓷道钉诱导

5.6　视距改善技术

视距改善宜根据路段实际特点及经济条件综合考虑，合理选用视距改善措施。当通视区域土方量不大时，宜优先选用开挖视距台来改善视距。如果清理通视三角区的植被可以达到改善视距目的，尽量采用植被清理的方式。如果通视三角区内有不可移动的障碍物或工程量巨大、改造造价高昂的情况，可以选择采用凸面反光镜来改善视距。当一种措施不能达到较好效果时，可采取多种措施配合使用。

5.6.1　开挖视距台

开挖视距台（图 5-52）可以改善视距。图 5-53 为计算视距长度的示意图，S 为弯道路段必须保证的最小视距，可根据设计车速进行计算及取值。设计车速为 40km/h、30km/h、20km/h 时，S 分别为 40m、30m、20m。

图 5-52　视距台开挖

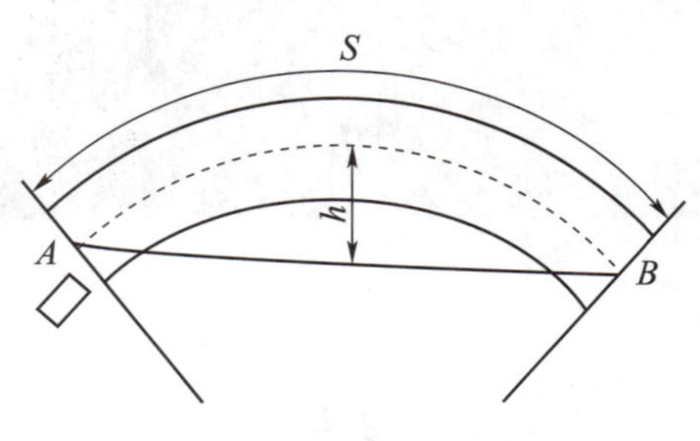

图 5-53　计算视距长度的示意图

5.6.2　清理植被

平面交叉口路段的停车视距可根据设计车速进行取值。设计车速为 40km/h、30km/h、20km/h 时，停车视距分别为 40m、30m、20m。清理通视三角区内的植被可以在不增加成本情况下保证停车视距，见图 5-54。

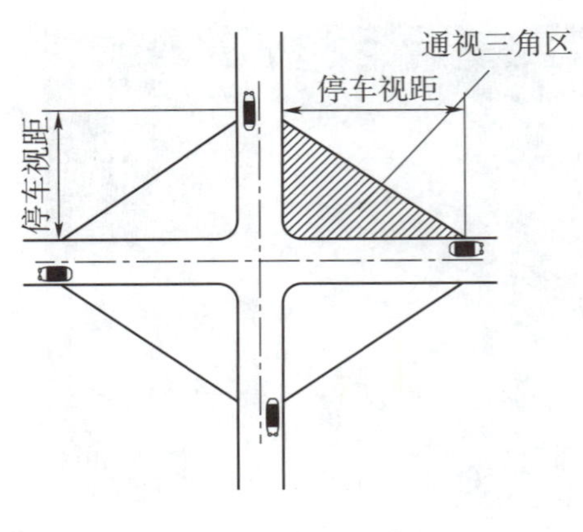

a)通视三角区示意图

b)清理后三角区现状

图 5-54　清理通视三角区植被

5.6.3　凸面反光镜

凸面反光镜设置于交叉口和急弯视距不良路段,见图 5-55。凸面反光镜造价较低,施工简便,但防盗性差,镜面容易遭恶意损坏,镜面需要经常维护以保证清洁度。在视距不良的弯道路段,凸面反光镜一般设置于弯道外侧。一面反光镜不能满足需要时可设两面。凸面反光镜镜面直径不小于 80cm,镜面底边缘距地面不得小于 1.5m。凸面反光镜设置时宜兼顾前后路段,尽量满足视距范围内路段的可视性。

图 5-55　凸面反光镜设置路段

5.7　车道隔离设施设置技术

车道隔离设施是指用来分隔对向车道或不同功能车道的设施。车道隔离设施主要用于急弯路段、视距不良路段及其他应避免占道超车或占道行驶的路段。当路面较窄时,可不进行车道分隔。

5.7.1　道路标线

具体指道路中线及道路边缘线。道路中心实线用于急弯路段、视距不良路段及其他应避免占道超车或占道行驶的路段。行人、非机动车集中路段可设置道路边缘线，路侧宽度较富余时可以采用热熔式震荡标线来做边缘线。道路交通标线设置方法见 5.2 节。

5.7.2　突起路标

突起路标一般配合标线使用。既可用于同向隔离又可用于对向隔离路段，造价较低，效果较好。设置时可选用直径 15cm 的陶瓷道钉进行软隔离，陶瓷道钉设置方法见 5.5.5 节。

5.7.3　分道体

当需要强制性对车流进行隔离时，可在道路中线上设置分道体（图 5-56）或弹性橡胶柱（图 5-57），只需用冲击钻在地面上简单打孔，用钢钉或膨胀螺丝固定后即可使用。分道体和弹性橡胶柱的设置间距为 2 ~ 4m，弹性橡胶柱高度露出地面不宜低于 20cm。

图 5-56　分道体

图 5-57　弹性橡胶柱

第6章　工程处治案例

6.1　单个急弯路段处治案例

6.1.1　单个急弯路段处治案例一

某农村公路，设计速度为40km/h，路面宽度7m，交通量较大。有一弯道路段半径实测为18m，且存在视距不良现象，曾发生多起交通事故。根据单个急弯路段的指标分级标准，可判定该弯道为单个急弯路段中的差级，可按照表4-1中一类处治措施进行综合治理，见图6-1。选用措施如下：

设置交通标志：设置急弯减速标志[编号(15)]，提示驾驶员注意线形变化，同时警示驾驶员合理控制车速；

设置交通标线：设置中心黄色单实线[编号(35)]，配合中央隔离设施分配路权；

设置中央隔离：铺设陶瓷道钉[编号(41)]，分配路权，防止占道行驶；

设置行车诱导：设置柱式诱导标[编号(43)]，引导驾驶员行车；

设置减速设施：选用热熔式警示带[编号(47)]，对驾驶员进行警示；

行车视距改良：开挖视距台[编号(54)]，改善视距，防止对向相撞事故；

其他改良措施：对内侧进行适当加宽[编号(57)]，边沟进行加盖[编号(58)]

6.1.2　单个急弯路段处治案例二

某农村公路，设计速度30km/h，路面宽度6.5m，实测某一弯道半径为16m。现场实测后知该弯道外侧设有混凝土护栏，内侧视距不良。根据单个急弯路段的指标分级标准，可判定该弯道为单个急弯路段中的中级，可按照表4-2中二类处治措施进行综合治理，见图6-2和图6-3。选用措施如下：

设置交通标志：设置急弯警告标志[编号(13)]及建议速度标志[编号(20)]，提示驾驶员注意线形变化，同时警示驾驶员合理控制车速；

设置中心实线：黄色单实线[编号(35)]，可与震荡标线合二为一进行设置；

设置中央隔离：设置震荡标线[编号(40)]，进行路权隔离；

设置减速设施：设置凸面反光镜[编号(56)]，对驾驶员进行减速警示；

行车视距改良：清理三角区[编号(55)]，改善视距；

其他改良措施：对内侧边沟进行加盖[编号(58)]。

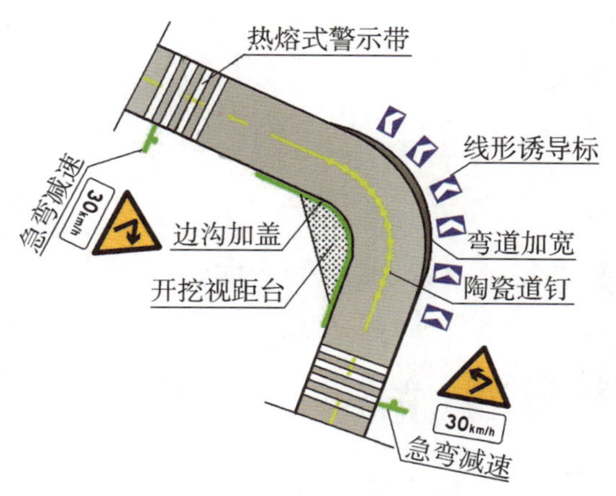

图6-1 单个急弯路段处治案例一方案图

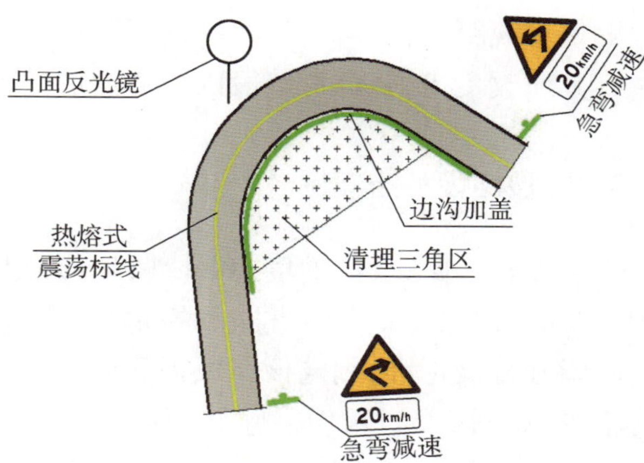

图6-2 单个急弯路段处治案例二方案图

图6-3 单个急弯路段处治案例二实施后现场效果图

6.2 连续急弯路段处治案例

某农村公路,设计速度30km/h,地形复杂,全线急弯陡坡线形较多,交通量较大。有一路段由3个连续弯道组成,实测最小弯道半径分别为18m、35m、25m,相邻弯道直线距离分别为25m、0m。根据连续急弯路段的指标分级标准,判定该弯道为连续急弯路段中的中级,可按照表4-5中二类处治措施进行综合治理,见图6-4。选用措施如下:

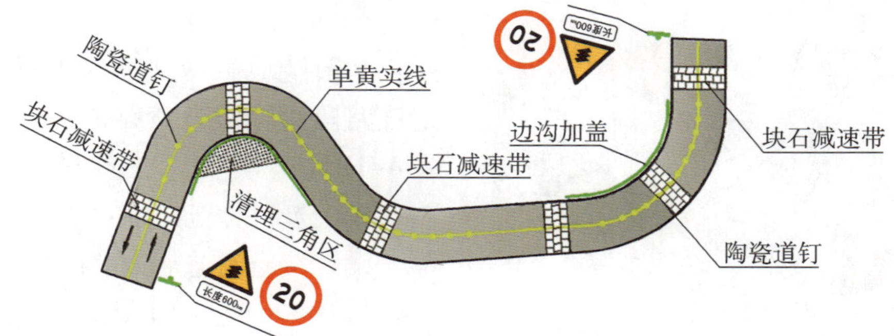

图6-4 连续急弯路段处治案例方案图

设置交通标志:设置连续弯道标志[编号(14)]和限速标志[编号(23)];

设置交通标线:全路段中心线设置为黄色单实线[编号(35)];

设置中央隔离:在急弯路段设置陶瓷道钉[编号(41)];

设置减速设施:设置块石减速带[编号(48)];

行车视距改良:清理视距三角区[编号(55)];

其他改良措施:急弯路段内侧边沟加盖[编号(58)]。

6.3 陡坡路段处治案例

某农村公路,设计速度20km/h,地形复杂。现场实测知有一路段坡度为9.3%、坡长为180m。按照3.2节陡坡路段的判断标准,判断该路段为陡坡路段。按照4.4节陡坡路段的指标分级标准,判定该路段为陡坡路段的中级,可按照表4-7中二类处治措施进行综合治理,见图6-5。选用措施如下:

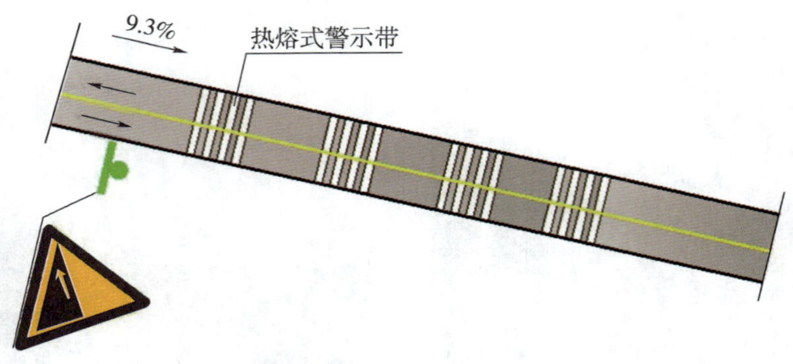

图6-5 陡坡路段处治案例方案图

设置交通标志:设置陡坡标志[编号(17)];

设置减速设施:间隔式设置热熔式警示带[编号(47)]。

6.4 陡坡急弯路段处治案例

某农村公路有一下坡接小半径弯道路段,水泥路面,路面宽度6m,设计速度20km/h,现场实测知该路段坡度为9.1%,弯道半径为18m,公路两侧分布有民房,弯道内侧建有民房,可通视,弯道的末端有一所小学。按照4.5节陡坡急弯路段的指标分级标准,判定该路段为陡坡急弯路段的良级,应该按照表4-10中三类处治措施进行综合治理,见图6-6。选用措施如下:

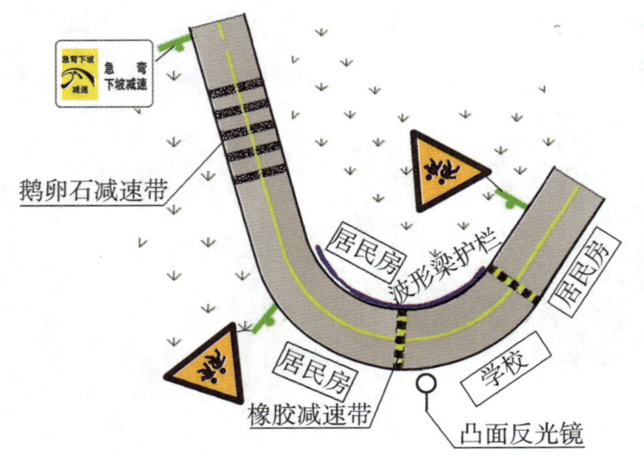

图6-6 陡坡急弯路段处治案例方案图

设置交通标志:设置急弯下坡减速标志[编号(19)]和注意儿童标志[编号(27)];

设置交通标线:全路段中心线设置为黄色单实线[编号(35)];

设置中央隔离:设置震荡标线[编号(40)],与黄色单实线一起设置[编号(35)];

设置减速设施:设置鹅卵石减速带[编号(50)]和橡胶减速带[编号(52)];

行车视距改良:设置凸面反光镜[编号(56)]。

陡坡急弯处治前后对比情况请见图6-7。

图 6-7　陡坡急弯案例二实施前后现场图

6.5　连续下坡路段处治案例

6.5.1　连续下坡路段处治案例一

某农村公路，设计速度 30km/h，现有一连续下坡路段，平均纵坡 5.5%，下坡路段长度 2550m。根据 3.2 节连续下坡路段判定标准与 4.6 节连续下坡路段技术指标分级标准可知，该路段为连续下坡路段，且为指标分级里面的中级，按照表 4-11 中二类处治措施进行综合治理，见图 6-8。选用措施如下：

设置交通标志：在坡顶设置连续下坡标志[编号(16)]；

设置减速设施：间隔设置热熔式警示带[编号(47)]，警示驾驶员减速。

6.5.2　连续下坡路段处治案例二

某农村公路，设计速度 20km/h，有一下坡路段，实测平均纵坡为 6.3%，坡长 2680m。根据 3.2 节连续下坡路段判定标准与 4.6 节连续下坡路段技术指标分级标准可知，该路段为连续下坡路段，且为指标分级里面的差级，可按照表 4-11 中一类处治措施进行综合治理，见图 6-9。选用措施如下：

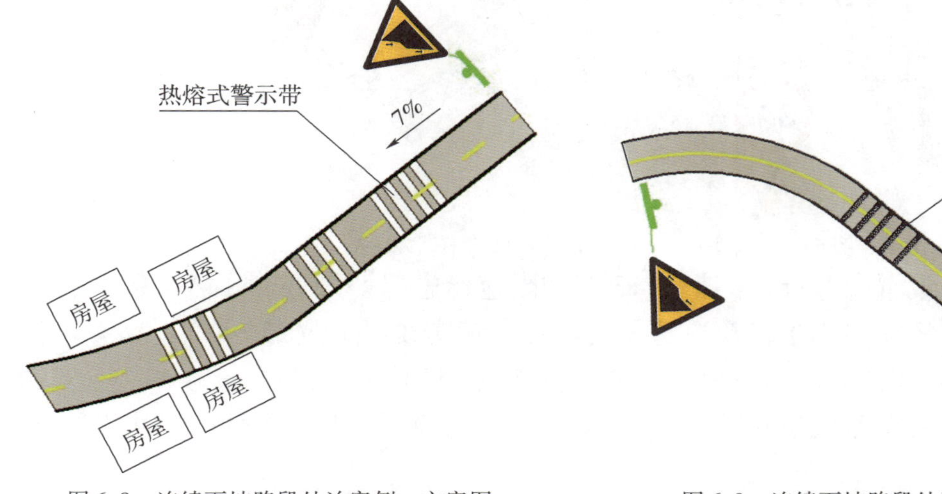

图 6-8　连续下坡路段处治案例一方案图

图 6-9　连续下坡路段处治案例二方案图

设置交通标志：在坡顶设置连续下坡标志[编号(16)]；

设置中央隔离：公路中线设置震荡标线[编号(40)]；

设置减速设施：间隔式设置鹅卵石减速带[编号(50)]。

道路处治前后对比情况见图6-10。

图6-10　连续下坡路段处治案例二实施情况前后对比图

6.6　桥头接小半径平曲线路段处治案例

某农村公路，设计速度30km/h。现有一桥梁末端接一小半径(R=18m)弯道路段，桥上纵坡3%。桥梁路段已经设有混凝土护栏。根据4.7节桥头接小半径弯道路段技术指标分级标准可知，该路段为中级，可以参考单个急弯路段按照表4-2中二类处治措施进行综合治理，见图6-11。选用措施如下：

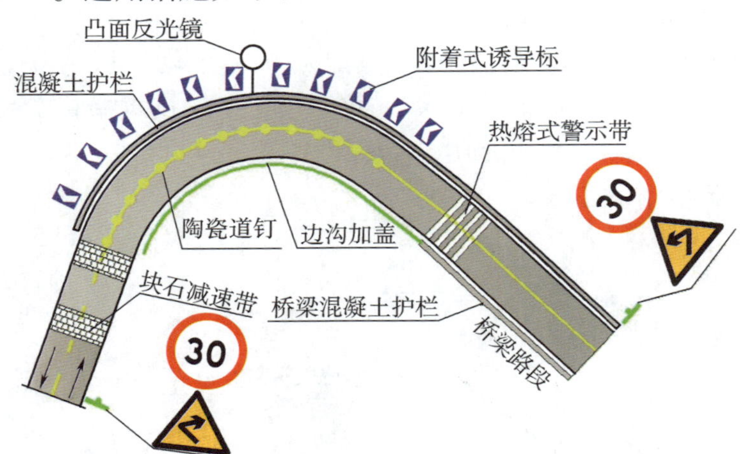

图6-11　桥头接小半径弯道路段处治案例方案图

设置交通标志：设置急弯标志[编号(13)]和限速标志[编号(23)]；

设置交通标线：桥梁与小半径弯道路段设置中心黄实线[编号(35)]；

设置中央隔离：设置陶瓷道钉进行中央隔离[编号(41)]；

设置减速设施：桥梁路段设置热熔式警示带[编号(47)]，弯道路段设置块石减速带[编号(48)]；

行车视距改良：设置凸面反光镜[编号(56)]；

设置行车诱导:设置柱式诱导标[编号(43)];

设置路侧护栏:在弯道外侧设置混凝土护栏[编号(3)];

其他改良措施:弯道内侧边沟加盖[编号(58)]。

6.7 路侧险要路段处治案例

6.7.1 路侧险要路段处治案例一

某农村公路,设计速度20km/h,地形陡峭。某平直路段右侧3m区域内平均垂直高差为7m,路侧有2~3m的净宽。根据4.8节路侧险要路段指标分级判定标准,确定该路段为中级,可按照表4-14选用二类措施进行综合治理,见图6-12。选用措施如下:

路侧防护设施:设置油桶护栏[编号(7)]。

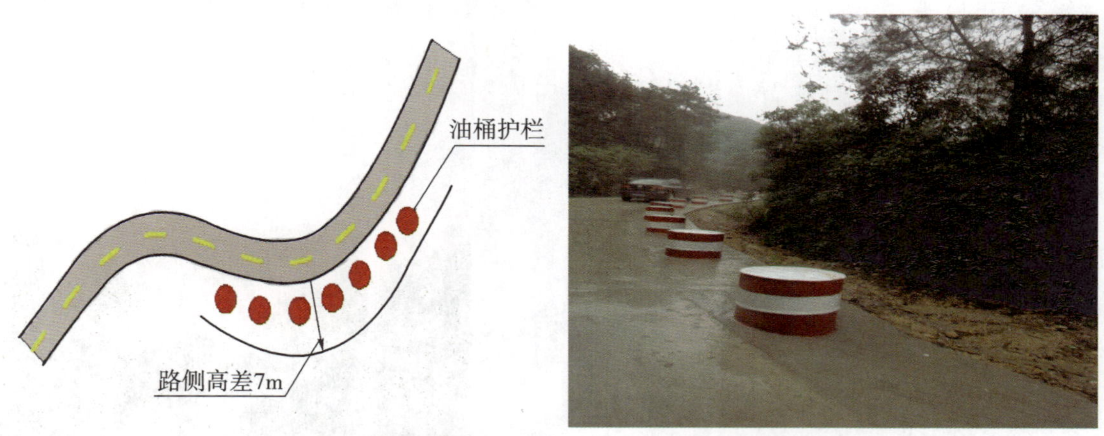

图6-12　路侧险要路段处治案例一方案图和实施效果图

6.7.2 路侧险要路段处治案例二

某农村公路,设计速度40km/h,路侧3m内平均高差为25m,路侧有2~3m的净宽。根据4.8节路侧险要路段指标分级判定标准,确定该路段为差级,可按照表4-12选用一类措施进行综合治理,见图6-13。选用措施如下:

设置交通标志:设置限速标志[编号(23)];

设置减速设施:设置热熔式警示带[编号(47)];

路侧防护设施:设置混凝土护栏[编号(3)]。

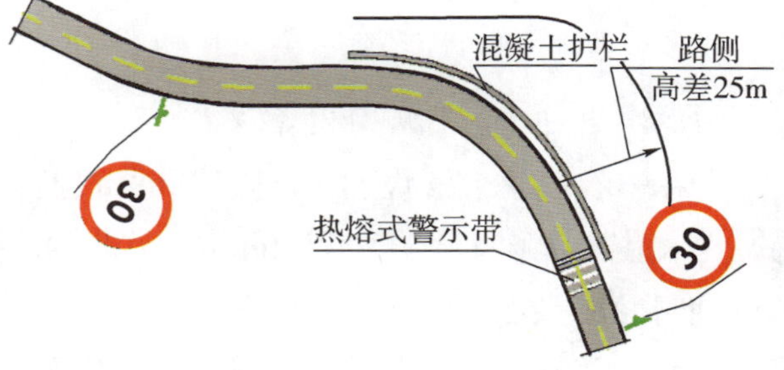

图6-13　路侧险要路段处治案例二方案图

6.8 平面交叉路口处治案例

6.8.1 平面交叉路口处治案例一

某两条农村公路交叉口,交叉角度45°,主线设计车速30km/h,路面宽6.5m,停车视距 30m；支线设计车速 20km/h，路面宽 6m，停车视距 20m。参照 4.9 节判定标准可知为中级，可按照表 4-16 选用二类措施进行综合治理，见图 6-14。选用措施如下：

(1)设置交通标志

主线：设计交叉口标志[编号(21)]；

支线：设置慢行标志[编号(24)]。

(2)设置减速设施

主线：设置热熔式警示带[编号(47)]；

支线：设置条石减速带[编号(49)]。

(3)行车视距改良

主线：清理三角区障碍物[编号(55)]；

支线：—。

(4)其他改良措施

主线：在主线接入口位置设置油桶式道口桩[编号(60)]；

支线：—。

图 6-15 是处治后的效果图。

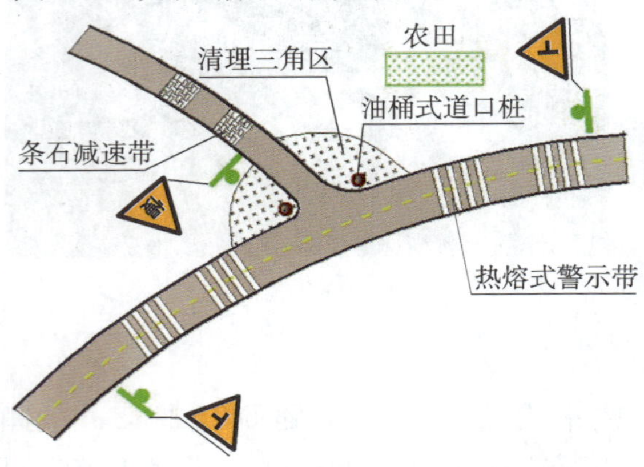

图 6-14 平面交叉路口处治案例一方案图

图 6-15 平面交叉路口处治案例一实施效果图

6.8.2 平面交叉路口处治案例二

某一农村公路，设计车速 40km/h，有一支路接入主线，设计车速 20km/h，支路宽度为 6m，平交路口处存在视距不良，主线停车视距为 40m，支线停车视距 20m。参照 4.9 节判定标准为差级，可参考表 4-15 选用一类措施进行综合治理，见图 6-16。选用措施如下：

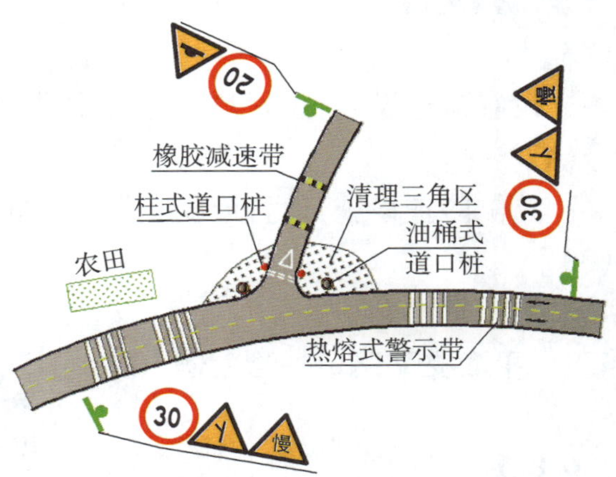

图 6-16 平面交叉路口处治案例二方案图

(1)设置交通标志

主线：设置交叉口标志、限速标志、慢行标志[编号(21)、(23)、(24)]；

支线：设置减速丘标志[编号(22)]和限速

标志[编号(23)]。

(2)设置交通标线

支线:设置双白虚线[编号(34)]。

(3)设置减速设施

主线:设置热熔式警示带[编号(47)];

支线:设置橡胶减速带[编号(52)]。

(4)行车视距改良

主线:清理三角区障碍物[编号(55)];

支线:清理三角区障碍物[编号(55)]。

(5)其他改良措施

主线:在主线接入口位置设置油桶式道口桩[编号(60)];

支线:在支线接入口位置设置柱式道口桩[编号(59)]。

6.9 行人集中路段处治案例

6.9.1 行人集中路段处治案例一

某农村公路,设计车速30km/h,沿线分布有民房,日常交通量较大,行人横穿道路及占道行为较多,存在较大安全隐患。参照4.10节判定标准可知为差级,可参考表4-19选用一类措施进行综合治理,见图6-17。选用措施如下:

设置交通标志:设置注意儿童标志[编号(27)]和限速标志[编号(23)];

设置减速设施:设置混凝土预制块路面[编号(45)];

其他改良措施:路肩彩化处理[编号(61)]。

6.9.2 行人集中路段处治案例二

某农村公路,设计车速40km/h。沿线分布一所小学,日常交通量较大,行人横穿道路及占道行为较多,存在较大安全隐患。参照4.10节判定标准可知为差级,参考表4-18选用一类措施进行综合治理,见图6-18。选用措施如下:

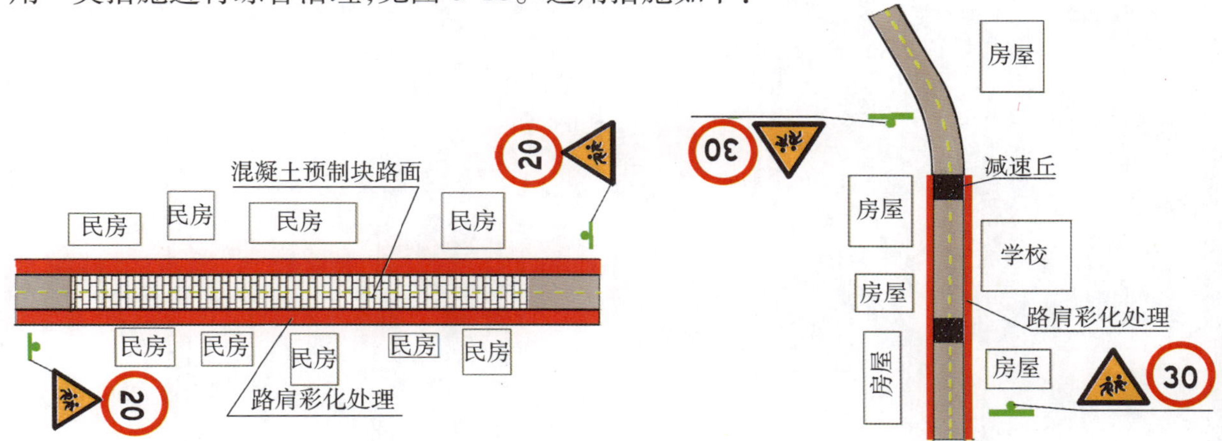

图6-17 行人集中路段处治案例一方案图

图6-18 行人集中路段处治案例二方案图

设置交通标志：设置注意儿童标志[编号(27)]和限速标志[编号(23)]；
设置减速设施：设置减速丘[编号(51)]；
其他改良措施：路肩彩化处理[编号(61)]。
图6-19是处治前后对比图。

图6-19 行人集中路段处治前后对比图

本指南用词说明

对本指南执行严格程度的用词,采用以下写法:

1. 表示很严格,非这样做不可的用词:

正面词采用“必须”;反面词采用“严禁”。

2. 表示严格,在正常情况下均应这样做的用词:

正面词采用“应”;反面词采用“不应”或“不得”。

3. 表示允许稍有选择,在条件许可时首先应这样做的用词:

正面词采用“宜”;反面词采用“不宜”。

4. 表示有选择,在一定条件下可以这样做的,采用“可”。

附录　编号设施对应表

编号	设 施 名 称	编号	设 施 名 称	编号	设 施 名 称
1	波形护栏	22	减速丘	43	柱式诱导标
2	缆索护栏	23	限速	44	柱式轮廓标
3	混凝土护栏	24	慢行	45	混凝土预制块路面
4	城墙式护栏	25	减速让行	46	块石路面
5	警示墩	26	注意行人	47	热熔式警示带
6	网石拦挡	27	注意儿童	48	块石减速带
7	油桶拦挡	28	前方村镇	49	条石减速带
8	花台式拦挡	29	牲畜出入	50	鹅卵石减速带
9	警示桩	30	鸣笛	51	减速丘
10	土石拦挡	31	白色单实线	52	橡胶减速带
11	栽石拦挡	32	白色单虚线	53	沥青减速带
12	木质拦挡	33	双白实线	54	开挖视距台
13	急弯	34	双白虚线	55	清理三角区
14	连续弯道	35	黄色单实线	56	凸面反光镜
15	急弯减速	36	黄色单虚线	57	加宽超高调整
16	连续下坡	37	双黄实线	58	边沟加盖
17	陡坡	38	人行横道线	59	柱式道口桩
18	急弯减速	39	分道体	60	油桶式道口桩
19	急弯下坡减速	40	震荡标线	61	路肩彩化处理
20	建议速度	41	陶瓷道钉	62	小型环岛
21	T形交叉	42	附着式诱导标		

参考文献

[1] 公路交通安全设施设计规范(JTG D81—2006). 北京:人民交通出版社,2006.
[2] 公路交通安全设施设计细则(JTG/T D81—2006). 北京:人民交通出版社,2006.
[3] 公路交通标志和标线设置规范(JTG D82—2009). 北京:人民交通出版社,2009.
[4] 道路交通标志(GB5768.2—2009). 北京:中国标准出版社,2009.
[5] 道路交通标线(GB5768.3—2009). 北京:中国标准出版社,2009.
[6] 路面标线涂料(JT/T280—2004). 北京:中国标准出版社,2004.
[7] 轮廓标技术条件(JT/T 388—1999). 北京:中国标准出版社,1999.
[8] 公路安全保障工程实施技术指南. 北京:人民交通出版社,2007.
[9] 公路交通标志和标线设置手册. 北京:人民交通出版社,2009.
[10] 公路工程技术标准(JTG B01—2003). 北京:人民交通出版社,2003.
[11] 公路路线设计规范(JTG D20—2006). 北京:人民交通出版社,2006.
[12] 公路项目安全性评价指南(JTG/T B05—2004). 广州:广州出版社,2004.
[13] 重庆市人民政府. 重庆市农村公路养护管理办法(渝文审[2006]13). 2006.
[14] 重庆市人民政府. 重庆市农村公路建设管理办法(渝文审〔2006〕12 号). 2006.
[15] 中华人民共和国公安部. 道路标线漆(GN 47 常温型). 1989.
[16] 中华人民共和国公安部. 道路标线涂料(GN 48 热塑型). 1989.
[17] 唐国利,刘澜. 山区公路事故多发段道路条件分析与防治对策. 交通科技与经济,2005(4).
[18] 李亭. 山区高等级公路黑占段鉴别及安全性评价研究. 吉林大学,2008.
[19] 吴高雄. 山区农村公路交通安全综合评价研究. 江西理工大学,2009.
[20] 潘兵宏,杨少伟,赵一飞. 山区高速公路长大下坡路段界定标准研究. 中外公路,2009(06).
[21] 郭秀成,盛玉刚. 公路交通事故黑点分析技术. 南京:东南大学出版社,2009.
[22] 陆键,张国强,项乔君,袁黎. 公路平面交叉口交通安全设计指南. 科学出版社,2009.
[23] 国外道路标准规范编译组. 道路交叉口安全设计指南. 北京:人民交通出版社,2006.10.
[24] 朱汉容. 山区农村公路安全保障工程技术研究. 重庆交通大学,2010.4.
[25] 重庆交通大学. 重庆山区农村公路交通安全保障及示范工程研究总报告,2011,10.
[26] 重庆交通大学. 重庆山区农村公路交通安全评价与对策研究总报告,2010,3.

[27] 苏澎. 山区农村公路交通安全评价及管理对策研究. 重庆交通大学,2010.4.

[28] 交通运输部公路科学研究院. 2011 年中国道路交通安全蓝皮书. 北京:人民交通出版社 2011.11.

[29] 肖殿良,陈红,蒋枫. 农村公路交通安全措施选用适用性分析. 公路. 2007(3).

[30] 肖殿良,柳孟松,蒋枫. 农村公路交通安全措施的选用与设置. 公路. 2008(5).